200 DIFFICULT SUDOKU PUZZLES

Peter Greene

Previously published as *200 Difficult Sudoku Puzzles* by Lulu Press
Incorporated, ISBN 1-4116374-2-9

Published by Greene Hill Publishing Limited
London

www.greenehill.co.uk

ISBN 0-9551413-1-1
Second edition

GETTING
STARTED

If you haven't solved many Sudokus before you may find some of the Sudokus in this book somewhat impossible. As a guide to the difficulty of each puzzle, you can count the number of given numbers. They range between about 20-28 and 20 is a whole lot more difficult than 28.

To start you off, I'll explain the basics of Sudoku solving with a few simple examples. These techniques should be enough to solve most of the puzzles in this book.

There is only one rule in this game. This is it:

THE RULE OF THE GAME
Each row, column and 3×3 box shall contain the numbers 1 to 9.

Example 1: Look at the eights.
Since there are already eights in row four and six, there can't be any more eights in those two rows. There must be an eight in the left 3x3 box, and there is only one place left for it.

Example 2: Look at the twos.
There are already twos in row one and two so there can be no more twos in those rows. There must be a number two in the upper left 3x3 box. There is already a two in the second column, so it can only be in the first column.

Example 3: Look at the ones.
Since there is already a number one in the second column and in row eight, there can't be any more ones there. That only leaves one place left in the lower left 3x3 box.

Example 4: Look at row five.
Since the fifth row contains numbers 1, 2, 4, 5 and 8 and the middle 3x3 box contains numbers 6, 7 and 9, the place shown must contain 3.

Example 5: Look at the fives.
Since there are already fives in row one and column one, there can be no more fives there. One of the question marks must be a five, so there can't be any more fives in row three either. There is only one place left for the five.

Example 6: Look at row two.
Row two already contains numbers 2-8, so the two remaining places must contain 1 or 9. Column one already contains a number one which only leaves 9.

Example 7: Look at row two.
Row two already contains numbers 2-7, so the three remaining places must contain 1, 8 and 9. Column one already contains a number one and eight which only leaves 9.

9	1	8	5	?	4	7	2	?
5	7	4	1	?	2	3	8	?

Example 8: X-wings.
The number 6 must be in one of the two places on row two and in one of the two places on row seven. You then know that the number 6 cannot be anywhere else in one of those columns.

Now you have the basics and should be ready to tackle your first puzzle. Remember that all puzzles should be solved by logic steps.

6	4	7	2	3	9	1	5	8
9	1	8	5	6	4	7	2	3
2	5	3	7	8	1	4	9	6
1	9	5	6	4	7	8	3	1
4	8	2		5		6	7	9
7	3	6	9	1	8	2	4	5
5	7	4	8	9		3	6	2
8	2	9		7		5	1	4
3	6	1	4	2	5	9	8	7

1	5	7	3	8	6	9	2	4
3	2	7	1	9	4	5	8	7
4	9	6	7	2	5	1	6	3
7	1	2	8	4	9	3	5	6
9	3	5	6	1	2	7	4	8
8	6	4	5	7	3	2	9	1
6	4	1	2	5	7	8	3	9
5	7	3	9	6	8	4	1	2
2	8	9	4	3	1	6	7	5

3

6	1	9	7	3	5	8	4	2
2	3	4	9	6	8	7	5	1
7	5	8	1	4	2	3	9	6
4	6	7	5	2	3	9	1	8
1	8	3	4	7	9	2	6	5
5	9	2	6	8	1	4	3	7
9	7	6	2	1	4	5	8	3
3	4	1	8	5	7	6	2	9
8	2	5	3	9	6	1	7	4

4

3	9	5	2	1	4	6	8	7
8	4	2	7	9	6	5	1	3
7	1	6	8	5	3	4	2	9
5	2	3	1	7	9	8	6	4
6	8	9	3	4	2	7	5	1
4	7	1	6	8	5	3	9	2
2	3	7	5	6	1	9	4	8
9	6	8	4	2	7	1	3	5
1	5	4	9	3	8	2	7	6

7	4	8	3	2	6	5	1	9
3	9	1	8	5	4	7	2	6
2	6	5	1	7	9	8	3	4
6	2	3	4	9	5	1	8	7
5	7	9	2	8	1	6	4	3
8	1	4	7	6	3	2	9	5
4	5	2	9	1	7	3	6	8
1	3	7	6	4	8	9	5	2
9	8	6	5	3	2	4	7	1

9	6	2	4	7	8	5	1	3
7	3	5	6	9	1	8	4	2
1	4	8	5	2	3	9	6	7
5	8	9	3	1	7	6	2	4
4	2	7	9	6	5	3	8	1
3	1	6	8	4	2	7	9	5
8	7	4	2	5	9	1	3	6
2	5	3	1	8	6	4	7	9
6	9	1	7	3	4	2	5	8

6	3					4		
			9				5	
	2		4	3				
			8	1	3			
				7				
	5	6				3		
							1	9
		3			5			2
7		9						8

	2					8		7
4					6		2	
	1			9		3		
		1	5					
9					2			1
		5			8	4		
3							5	
	6			4				3
5		4		7				

				2		7		
			8		3		9	
3						1		2
7		5	6					
	4				1		5	
						3		6
2		9				4		
	7		1		4			
				8	5		1	

				2		7		
			8		3		9	
3						1		2
7		5	6					
	4				1		5	
						3		6
2		9				4		
	7		1		4			
				8	5		1	

			3			5		
			2					
4		7		9		2		
			4			7	6	
			8					
	3	2			7			
		4		6		8		9
8					1			
	1	9			4			6

	3							
			7					4
	8	5		9		2		
					4			3
	9			5			2	
7			6					
				2		8	9	
6					1			
							5	

13

	9	3		8			7	
1								6
	5				2		8	
		8				3		
2			6		8			5
		9				1		
			3		4			
3								4
	1			2		7	3	

14

4						6	5	3
	2		4			7		
9					1			
	8			2	6			
			7				8	
		5					4	9
				4		1		2
		3	1					
6						9		8

15

3		5				4		9
			1					
		8		5	9	1		
			2	3				
7						5	6	
					1			
	3				5			2
	9	4					7	
2			3	7				5

16

5			1					9
	6						8	
		8				7		
	3		9		6			
2				5		4		
					1		5	3
8		3		4		2		1
	2						3	
1					9			4

1		4	5					2
				6			3	
		5	7			1		
						3		4
8		7					6	
	9			7				
3		8			2			
				3		6		
4					1			3

1			2					
	9			3				2
	8	6			9		3	
	1		5			8		
	3			6				
					7	6		
		7	1					
		5		4			6	
				8			9	

3		6						2
	9	8	4					
	7		5			8		
5	1		3					
				9				
					6	1	7	4
		3			5		2	
					8	3	4	
1					9			5

9								8
							7	
		1	2		3			
		2	3				6	
	4						5	
	6	5			1	2		
					2	3		6
	7		1	4				
8								9

			1		6		3	
1		2						
			4		3			
		6						3
				7		2	6	
8		7				1		5
	5		9		1			
						8		9
	6	4	3		2		1	

9			3					
				7			5	8
		1	6			7		
	2	5					3	
3	4						9	
						1	6	
				2				
	5			3	4			
	7			9		2		1

				1			5	2
	9		8					7
1		8					3	
	2					3		1
9			7				2	4
			6		4			
		7		5	6			
	3					6		9
4					7			

3			7					1
4								9
						3		5
		9	1		2	5		8
			8		4			
		1			6			
			2		8		7	
	7	5					8	
	9					4		

8				3				4
	1						2	
		3	7			6		
			5		7			
2	7	9		8			4	1
6		8			9			
		6				3		
	2						1	
4				5				8

4					3			1
	5				2	8		
				7				
			1	6		9		
		5				1		
		2	9			3	5	6
	4						9	
7						6		8
3			6		4			

27

1								
						6	7	
			1	2	3			
			6	5	4			
	5	9				7	2	
	4	1				8	5	
		3		9	2			
4								8
2			5					9

28

4						8		
	1	9	2					
2			3				1	
			1		5			
	3	1	7	2	8			
				6		7	2	
9	5					4		3
					6		8	
3				7				9

2			9			6		
	1			4			7	
3						2		5
				8				6
		3			6	7	8	9
4								
				1	5			
	9			2			6	
		7					2	8

				1		7		3
9				7	8		1	
	4							2
					6	8		
	7				9	4		
		6		3				
	5	8	4					9
2	9	7						
1			5				2	

31

7		8						
		9					2	6
			4	3	5		8	
			8	7	1	4		
							6	
9				6	3			
	6		2					3
8	5						1	
						7		2

32

2		8		4				9
1	3				9			8
	9					1		3
	5	4				9		
		7	1	2	5			
			6					
			7				3	
					8		1	
	1					5		

33

2		4		7	8			
1					3			8
	7						4	
		8	7	6				
4		5	9					
				4	1	6	5	
	3					1	6	
9								2
				9		3		

34

6			2					1
1		8						2
	2			1		9		4
7		3	1					
			4		6		5	
				5		2		
8	9			6	7			
					9	6		
	7						8	9

3				1				6
2		7		4			9	
4					3	1		
			5			9		
1	2				4			
5			6				2	
		8	7					3
		1		3		7		
							8	9

2					4	1		
		9		8				
	8		1					3
		1	5	7				
				1	3			6
		8						9
	7						6	
5					2	4		
4						7	3	

	3	5					1	
			4					2
	6			7				3
1						3		
7			3	5		4		
	8				1			
	7			6	2			
		9					7	
3				1	8		9	

2		8						4
	1			2			3	
			7		9			
1					2	5		
	4			5			6	
7			3				2	
6		9				7		
	7			8			9	
8				4				5

	5			3			1	2
	6			9			3	
			5		6			8
		3	6			1	7	
		4		5			8	
			8		7			
	7		1					5
6							4	9

9		5						
	7	2						
				1	3	7		
			4		2		8	
	4			6	1			
	1				8	3	5	
			7			1	9	5
					4	8	3	6
8								

		8	1	5				9
7				4	6			
5	6				3		1	
			4			2	5	
		4	2	1			7	
		5						8
		1	6			3	9	
8			7			4	1	
	9							7

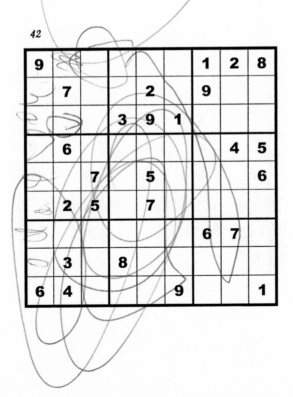

9						1	2	8
	7			2		9		
			3	9	1			
	6						4	5
		7		5				6
	2	5		7				
						6	7	
	3		8					
6	4				9			1

43

1							8	9
					5			1
		5			6			2
		4	1	5		6		
	3		4			2		
						7		
8				6			3	
	6		5		8			
9	2	3						

44

9		1	5					
					2		3	7
8		2		7	9			
		4	1		3			9
3		5		8		6		
			7		5			
						2		4
5	6							
				9		8		6

				1				2
	2	4			3			
	8	6						4
			9			7	8	
				4		3	9	
6					1			
			2	5				
			8			6		
5	7	3				8		

1				7				6
	2			8			5	
		3		9		4		
			4					
	1			5			9	
		8			6			1
		6		1		7		
	5						8	
4								9

	2				9			3
6							1	
		3	6		8			
		7		2	5	8		
			8	1	6			
			4			5		6
				4			2	
	1							
3		5						8

4	3							
		5		8			1	
		1				7	8	
	2				7		3	
				5			2	4
6			2					
		9			5	1		
				4				6
	8		3					2

49

	8			4	7			
						3		
	7	9	1		8			2
				6		4		
		4	9	5				
						1	5	
3					4			
1			5	7				
2		6						7

50

	8		2	4	7			
					6			1
3	7						2	
2			1				4	
		4	6	9		3		
	3						5	
				1	4			2
			5					
		6						7

		1			8	2		
	5						3	4
7	2							
			6		9			3
		6		4			9	
4			8		7			
1		4		2				9
	3						5	
		2		3		1	8	

		8		7				
7			6				8	
	3					1		
			4		8		5	
1	9				2			
		7						9
3						2		5
					5		3	
6	1			4				

53

	9			3				
		8	1		5			2
	6						5	3
			9		4			7
	4		8					1
9		2				3		
8		6		5				
		7				4	1	
				1			2	

54

			1	7				9
		2				3		
	4	8						7
	2				5	8		
1							6	5
				3	6			
5				9	4			1
			7				2	
		7						

		1					7	
7			6		8			
5	3					2	9	
4	9			3		5		
	2			8				
				5		6		9
		2					1	7
			5		3			
9					1			8

3					9	6	8	
	7							
8	6				2			1
7			8		1		9	
		4	2			3		
				4			5	
9						5		6
	4			3				
		2		7				

57

			1					2
		5					4	
8	3	6						
					8	2	6	
				7	5	1		
	4				1			
7								9
			4			3		1
6	1		9					

58

	9		8				5	
4		2				9		
			3		6			2
	1			7				5
3			2					8
8					9		1	
		9			2		7	
	7			4		6		
		4	1	5				

59

3		7				8		
4			6					
	5					4		6
	7		2					
		4		8				1
				4		6	5	2
5		2					3	
					9			5
	4	1			7	2		

60

		2	1			5		7
5				4			6	
			9			3		
	5						8	2
8					9			3
4	2			5			1	
		3			7	1		
	7			2				
		6			4			

		8			7	3		4
				9				
9		6						
				2			3	1
		9		8		6		
2	5		7					
	8					2		
5			1					
6		2	3			7		

		8			6	3		
4		6		3				
					1		2	
			9				7	
		3		4		6		
1	5				2			
	9		7					3
				6		8		1
					8	4		

7			5		1			
1						8		7
	2			4			9	
		1	9					
3								8
		2		8		3		
	1			3			5	
5						4		6
			6		8			1

6		5					7	9
			2	8				4
8		3	6					1
	5			7			2	
		2			3			
					9	5		
9						6		2
					8		3	
	1		4					

				4		5		2
	7			9				
4		3						6
1					3		5	
7					1	4		
		4	5			6		
3				7				1
	6	1						
	2					8		4

		3		2		7		
	1		4				8	
2		5	1					6
					6			5
		2		4				
6			5		9			
5		8		3				4
	3				1		9	
		1				8		

	9				1	5		
				9			1	
1			3		2			3
						7		4
	1		7				9	
5		3						
2		1		8		7		5
		6						
		8		7		4		2

			9		8			
6	9					1		
							3	
		5			4			3
	2			9			1	
8			7			6		
								5
			1	5	8	6		
	4	7				9		

	1		5			8		
	2	3	7					
4			2					3
				1	4	2		
			6					
6	8	4	9					
5				4				1
				5	7	6		
		1					8	9

		1	3					
				4	9		7	
6		9						8
	5				1	3		
	2							
		3	5			1		
8								6
	7		9	2				
			4		3	5		

	8		5	3				
5				9				1
	6		4		1			
1		6				2		5
				7				
3		5				1		9
			8				5	
9		4						
2			7		9		3	

3			5			7		
			9	6	1		4	
5							8	
						9		1
6	1						7	
	2	3						
				1				6
7	4			2	3			
					4	5		

	9				1			
			3		1		4	
	6		2	5		7	3	
		9	7			8		
	4							5
7		9	2					
2			6		5			
	1			3		6		
		7			8			

2					4	1		
	8	7						
					8	4	6	5
		3		8	5			7
		8	9	2	3			
							2	1
6	7							
	4		5		6			

		1				9		
	5			2			3	
8				5				2
					4	7		
4				8				1
			6		7			
2			9	3				8
	3			7			5	
		9	8	6		1		

	9		1	5	6		8	
		6	4					
	8		9					5
9			6		5			
					9	7		
2							3	1
1	7							2
		2					4	
			3	4				

			8	7			9	
			4	3			7	
6	8							
4					9	5		
		6			4	3		
		3			2	1		
3	2							5
			2	4				
		1	5	6				

		2	7					8
	8		3			5		
6		1						
				7	5	1	3	
7			9	3				
	9			8	4			
1		6				3		2
		4		1			5	
				5			6	

				7		3		9
3	9			8			7	
8				6	9	4		
								6
	3	5					2	
		4		9	8			
			2			1		3
	6						5	
7				1				

				2	8			7
3							5	
		6				3		1
4		2						
			1				7	5
				6	9		8	
5	3						6	
	6	4		7		2		
	7	8	9					

7					5			
	5			9	2	8	3	
3		1					9	
		3				2		
		9		8	1			
			1		7	4		
	8		6					7
	4	9						
							6	8

4					6	5		
	5	1						
						1	8	6
		7	9	5				
				3				2
	8			4			6	
							5	3
5					4	6	1	
				7	2			8

1		5	9					
		9	4			2		
	3						8	
				6	7			
6			2		9			7
			5				1	8
	6			2			5	3
		1				7		
				4	8			2

	9		3			6		
8				4				
6						2	3	5
				2	5			3
		9	4			5		
	6	7		9				
		8			7		5	9
7		6				3		
					1		8	

	7				6	5		
8			3				6	
6		1						9
		7	9		4			
	1						2	5
				2		1		
			4	5		2	3	1
				3				
	5	8					7	

7	2							5
1		9						
			6	9		1		
					4	5		
				5	7		8	
	3			1				2
2	4							3
		7				8		
			8		5		6	

				2	1			
6	7							5
						1	3	
				1			2	
5		9		4		7		
8		3	5					
1				7	5			
		7	8			9		1
	6							4

		7			4			
	6		3	9			1	
4								2
			1			7		
2	8			4			3	
					3	6		
8		9	7		5			3
	7			2			5	
		6						8

					5			
2				8	7		1	5
6	4					8		3
	5	8			9	4		
				4			6	1
		7				9		
9								
	7						9	4
				2	1			

	8	5	1			7		
	1	6	4		8			
	9	4						
		7			2			
				9		5		
	2		8	5	3	1		
8								6
			5	2			7	
							3	4

91

	5	1			3			
		6		7	4	5		
7			8					6
	7	9		3	2			5
				5			2	4
	2					1	9	
	8					4	7	
6						9		
		5	4	2				8

92

		9					6	5
		7			2			3
5				9	4			8
	8					1		
			7	4		6	3	
6						5		
9								6
2	1		3		9		7	
			4	7				

			7	3	9			
		1						8
						3	5	6
	4			2	5			
		9			4			
	8					9	4	
6		8						5
3	9			1				
1					2	4		

8		3		9				
							1	
9		2			6		7	
			7		5			4
6				8		7		
			4		1	6	3	
	4			1		8		6
	9							
			4	2	3			5

8	9			1	7			
				6	8			
						2		3
	8	3			6			
		4		2				5
			5				1	
4			9					
7						8	3	
1						9	2	

		7				2		
	8			6			4	
6			5					9
					2			
		5		4		6	8	7
			9					
2								5
	4			5			3	
		9	8			1		

97

			4		8			
		3					5	
8			9					1
			2	8		9		
		2		5	3			
				9	4	8		6
1							9	
	5							3
4					7	1		

98

		5				7		
				3	1	8	5	
3	9			2				
1			3					
	2			4			8	
		4			7			
			9					2
8					3			1
		6				5	4	

			5				1	
			4		2			
7						3		
	4			6		5		
	7			4				2
		2			9	8		7
3	5	1						
						7		8
9				2		6		

				1				
			4		2	3		
7		3					5	
	4			9	5			3
		5		6				2
		2					9	7
					3	1		
			1			7		8
9				2				

101

		6				7		
	8			4		2	9	
	5				8			4
			2		1			
				5		8		6
		2	3		4			
3			5					7
6	9						8	
		7		1		6		5

102

7								6
	2				9		8	
			4					9
	1				5			
		3				5		
				6	2		9	
	3			7		1		8
8				4		7		
		2	3					

103

			8				5	
9						6	7	
8	6			7	3			
	7			2	4			
		8				7		9
	9				5			
			4					2
1		4		5				
	2		6				3	1

104

	8				2			
				1			6	
3		4		9				7
		7					3	
		3	8					4
			1		9			5
				7				9
5					6			
2	6					3		

6			1		9			
4		3						7
			4			2		3
	1						9	
			9	2	8			
	2					7	8	
9	3				5	4		
8				6	4			
		7						6

		1		8				9
		2	9		4			
7								1
				6	2			
			5			3	8	
6		4			7			
2		8			3			4
1	3						5	
				5		6		

				7	6		8	
	5				1			
		6					7	4
		7				4	5	
				3				
			7	9	2			
2						1		3
8			5			7		
1	9							

	9		1					3
		3			6	4		
	4			2				8
		8		4			6	
1			7			5		
	2				5		4	7
5				7		1		
			2					
4				8				

5		2	1			6		
			9					8
1			6	7			9	
	1				6			
			5	2				
						3	4	
	5	8						9
9					3	5		
		3		5		7		6

8		9						7
	1		7		2			
		3		8	6			
4		7						
	5		9				6	
				4		5		3
	9		5	2				
			6		9		3	
		6				1		8

		8		1		3		6
					8			
		5			7			
			3			8	7	
				2				
	4	3			6			
4			6			1	9	
			9					2
1		2		4		6		

		8		1		5	2	
6					3			
							7	
				4				3
	8			5			1	
7			6					
	5						6	
			9			1		4
	1	2		8				

113

	2		8				5	
4								9
	3			2		7	1	
		9				1		
5			2		4			8
		7				2		
	7	3		8			9	
6								7
			6		7			

114

			9					1
		3			6		8	
7	5	4						6
1	6					5		
	2				3			
			4	8			2	
2		1						4
					9	7		
8		9		6				

		9	1	5	3	2		
					9			
1		6				5		7
			9					
	4	5						3
				7	8			
5				3	7			8
	3					6	1	
8			5				7	

		3				2		
	2						4	
1					9			5
7	5		9					
		6		5				8
			4		1		7	
6			1					9
	7						8	
9		8		6		7		2

		9			3	5		
	7			4				
8					5	6		9
				3			1	
	4					3		2
6		7						
7			9					6
		4		7				
			8			2		7

	7		1			4	2	
8				7			1	
					8			9
		4	3					
				4			7	
		2			5		9	
	1		2					
	4			6		5		
					9	3		

119

		2			5		3	
					6	2	1	
8						4		7
6	3	9	4					
				1				
					7		9	5
5			1					9
	6	7	2					
	8		5			7		

120

			7		8	9		
	3							
2								1
		8	9			5	4	
	5						6	
	4				7	8		
1								2
				6	9		3	
4		7	8					

121

			7		6			
						8		9
	7		4		9			
5		9				3		2
	4	8		3				
7						4		
	9		8		7	6	4	
1		2						
			9		1		5	

122

		3			4	9		
2	5			3				
					7			1
	4	9						
	1						6	7
	7					5	8	
9		8		1			3	
			6	7			5	
			8					

123

	7					2		9
3					2		1	
8	5			9				
			6		4			
6	8				3			1
9		7					8	
			3					6
1		4					7	
			4	5		3		

124

5		7						
1								6
9					3			7
			4			9		
			6		2			
2		5	8		9	1		
		6					1	
	2					5	3	
	3		2		8			

		4			3	7		
	8						9	
6				7				2
			1			2		4
9	6			2		1	3	8
			3		5			
2				5				6
	9						8	
		7				4		

				3				
		2	8				5	
9			7					6
4	5	7			1	8		
		9				5		
		1		4	9			
			6		4			7
2		4						3
	1						6	

127

			7	8	9			
	3	4						
								9
	5	2				9	6	
	8	3				1	5	
			6	5	4			
1					5			8
2								6
			8	1		7		

128

	9				7			8
					8	1	9	
		2						6
	8	3		4				
			2	8	3	9	7	
			5		9			
1				3				7
	2		4					
7		6					5	1

5		8						7
	3			6			9	
		4			1			8
								6
1	2	3	4			7		
4			2					
2	8					3		
	4			8			1	
			5	9				

8							6	
	9		2	3				1
7		3		9				
				7		4		
		6	1				3	
		2	4					
	8				5			9
						3	1	8
1					6	2	5	

131

	2		5	7	6			
4	8					1		
						2		3
			7	4				1
	4							
	6	9	3	2				
8		3						
	9						5	2
7					8		4	

132

7		9					1	
2			1				7	9
1				6		2		8
					4			
			5	8	9	3		
		1				6	5	
		5					9	
	9		2					
	7				3			

133

	6						3	
2			7					9
			2	3		6		8
	5	4	9	6				
					1	5		6
				4	3	2		
		7		1				
8								1
	4	9					7	

134

6		1		9			8	
8						2		9
9					8			4
		8		5				
	5		4		6			
					9	7		3
1	2						3	
		4	1					
			3	4			1	2

		9	7					6
	1			6		3		8
4				9				7
	8				4			5
			6				8	9
		1			5			
1	2							
		3		7		9		
7					3	2		

7					9		2	
				2		1		
		9	6					8
1						2		
4			7	9				
				3	5	9		
	7	3						6
		6	8					5
	4						3	

137

7				3			4	
8					6			
	9					5	7	
			9				2	
		6		5	7			3
		7						9
	1		2	9				7
	3					1		
			8	4			3	

138

			1		3			
	7			8			9	
6						2		8
	8				7			3
	4			5			6	
		5	8					9
5				6				2
	1			2			3	
		3				1		4

2			4		5			
	7			1			4	
8	9			7			5	
	2			5		6		
	3	9			4	7		
1	6							4
5					9		3	
			3		2			

		3	7	9				
						8	3	
						5		1
	5	7	2				9	
			9	4			6	
	2		8		6			
								2
4	7	2	6					
5	1	9			3			

141

	9		7				4	5
			4	6				3
1				5	9	2		
2						5		
	3			9	8	6		
	5	8			6			
3							1	
		9	6		3			2
	1	7			4	9		

142

			9	1	7			
		1		8			3	
2	8	9						1
				3		5	8	
4				5		3		
5	6						4	
9			1				6	4
					2		7	
	3	4						

8			4			5		
9			5					
1	2							9
		3						
		8			6		7	
		4		5	9	6		
						7	8	1
			2		5		4	
	7			4				2

			1	3		8		2
3	7		8					
					5	9		1
			5		3			
		4		2		5		7
1			7		9	6		
4		2		1				
							4	5
6		8						

6						4	2	
			7			6	8	
8				9				
			9					4
	1	7		6				
	2	3			1			
		2				7	3	5
		4			2			
				5	8			

		6		1		7		
	5			2			8	
4				3				9
9			4			2		
	1			5			9	
					6			
1								6
	2						5	
		3		9		4		

			2		4	7		
	9							4
7			1				8	
4		5			6			
			4	9	2			
		2	5	8		3		
2						5		7
							9	
	8			6				

	2	3				9		
	9			2		5		
							7	6
					8			4
6	8			5				
	7		3				8	
8					7		2	
4				6				
		9	5			1		

149

8			2		9	1	3	
		7						
			3	6			2	
	5	9						
			5	1	6			
	6		4					
3						4		8
			3	5				9
			6					7

150

	8						3	7
9			4					
			3	6	8		2	
	5						7	
		7		1	4	6		
	6				9			8
3						4		
					5			
8			6	9				

	2	9		8		4		
	7						8	
6				4		5		9
			1		2			5
	6			5		3		
8			6		3			
							4	1
5	8						7	
		4	2			9		

				5			9	3
	8		7					
7		4						8
6						1		
			4				6	9
	7		2		5			
		9					8	
	2				3			1
				1		2		

	4			9				
	9	5				1		
				7		3		2
		8				4		6
9					2		5	
1			5		6			
8	7						3	
4			7		9	2		
				8			6	

						1		
	4				1			
9			5	6				7
			3	8				
7	3							9
		2	7				4	
1						2	5	
		8				4		
6				1	9			

2			9					6
			8		7			
1	9					4		
6		3		7				
				2			4	
		7		8			6	5
	6	4					8	7
			2		3			1
	1					9		

				1		4		
				8			5	
3		7						6
	7			5				
		8			4	5		
	6		9		2			1
9			4				3	2
							1	
	2	3	6					8

157

					6		9	3
9		8			5			
6								1
			9				5	
		9	7	1				
	3	4	2					
						3	8	2
	5					7		
4					9			

158

	2				7			8
1		3	4			5		
	5			9			3	
		9					4	
6			1		8			
		4			3			6
9			6			4		
	4			7		3		1
8				3			7	

		4	1			9	5	
7			6					
	8					4		7
4	7	3		5				
9				2		5		
					4		1	
3		5					7	
					3			5
		2				1		8

			5			3		
				4			1	
		9	1			8		
	9			7			4	5
8			6					2
4	2						7	
		8			6			
	3			5				7
1		7			9	4		

		1			8	4		3
					9			7
		4					2	
					1		7	4
		3		2		6		
9	8		4					
						3		6
		6						
5		8	1			2		

		5						
9		2		3		1		4
					1		6	
			4				7	
		3		5		8		
	1				6			
	4		9					
				8		3		5
		8				2		

163

9			2		3			
3		5						7
	7			8			9	
		8		2		4		
2								8
				6		9		
	6			5			4	
1		2						9
			9		7			1

164

					5		9	
	8		2					
4		3						6
		7	6					
			8			4		
	4			1			7	
9					3	8		2
5				2	4			
6	1					7		3

5		2					4	
						9	3	
9				1				8
		3			7	5		
		5	9					1
	7		8					9
3						8		5
				6			1	
4		7		5				

		2				9		
	6		9				8	
5				8		2		7
			6		7			3
				5		4		
7			3					
3					9	7		4
	2				5		9	
		1		4		8		

167

4		5		1		2		
					3			
7				2		9		4
						8		7
	6				1		9	
5		1						
8			4					9
	9			6				
		7	9				6	

168

		6				1	5	
	3	2	7	9				
7								
		3			1			2
	9			6			4	
8			5			7		
	8							
		9					6	3
			2		6			

6	2					9		
	3	1	7					
9			5					7
					6	5	2	3
				3				
	4	5	9					
8					4			5
					1	8	4	
		2			7		9	

		7	8		5			
				4	6		1	
3								2
		9			7	8		
							4	
		8	9				7	
2						6		3
	1		6	5				
					8	9		

171

	8		6		1			4
						5		6
	7				2			
6		9				7		8
				1				
7		4				3		9
			9		5		3	
9				6				7
				8	7		2	

172

		7	5					
			8	4			5	1
3				9				
						8	4	
	1						9	3
9		6						
	2							7
	5		9	3	6			
		1			7			8

		2				1		
	3		8				9	
		7		3				4
					4	6		1
7						5		
	2			1	6			
8	1		7	4			3	
5		9		8				
			9				6	

			3		7		5	
							1	3
9	4							
			8	4	6	2		
1			7	2		8		
7	3	5	2					
						1	2	
		9	5					4

175

		9		3	2	6		
	7			1			8	
2				8	6			4
			1		3			
9				2				5
		1	5					
4				7				2
	8			4			7	
		6				9		

176

				5	8			
	5					4		
4							1	9
9	8							4
		1	6					
			7		3			6
7					6		2	
					5	3		
	2		3	7	9		6	

				3	7	9		
				5	4			
7							4	8
		9	4			8		
		8	5			3		
		7	6					5
							2	3
	1			8	5			
	6			1	2			

	3			7				
	7			9		5		
4		8				3		9
			5	2			6	
				8	6			1
	8	9	7	1				
						9		3
		7			8		2	
2					1	4		

179

				9				1
	7						3	
8		9			4			
			2	6		5		
	4					7	8	
3								
		5	6	3				2
	1			2			6	8
6		8		1				

180

					6	2	1	
		4		1		5	3	
	3						8	7
	2		6	3				
7	1				9			
						4		5
9		8				3		
	7							8
1			2	4				

2	3							
						6	5	
1					3		2	
	5	1		9				
	9	2		6				
	4					8		
	6					9		8
	8	2	4	6			7	
			7					1

2			4	1				
	9	3	5					7
8	7							
	3			5			2	
4				8				
				7	6	1		
3	2	9						
						9	7	
		7	3					5

4			2	5				
		1				9		
8	7			4			3	
2	9				7			
1			6		4			3
			1	3				
	2						8	
		4			5	6		
					6	7		9

	2		9					
		8				3		1
6	7		1			2		
				6		1	3	
		7			5	6		
8			7	4				
7	8	4						3
				5				2
		3			8		6	

	1					2	7	
				8				
9	8	4		7	5			
		9		4				
7	4						9	
			5			6	1	
6						9		3
	3				8			2
		7	3				1	

	3		7		2			
		2				1		
8							5	4
4				9			8	
	2		1	7				
		7	5					
		9		6	3			
						6		9
7							4	1

187

5							3	
9		6			2	1		
			7	1				9
					7	8		2
		1		5		6		7
	4			9				
	8	9						
7							1	3
			9	4				

188

2						3		
	7			4			1	
8			7		1	6		2
		3	8					
	8			5			2	4
		1			9			
4								5
	9			6	8		3	
			5			1		

189

			9	4				
5	6						1	
								6
		6				1		
9	3			5				
		5	6			2	7	
8		2					5	3
7	9		1	2				4
			7					

190

5	8							
	1			4	7			
3								2
		9	8	7	2		4	
		7		6				
			4			1		
						5	6	
			2		5	3	9	
		1			9	7	2	

191

2				4	5	7		
		6						3
	1	5					2	
	6	9					4	
5	4			7				
7			4	8		6	1	
3					2			1
		7	5	1		3		
			8			9	7	

192

186				1	5			
	1		6		8		9	4
3								6
		7						3
	8	3		5	1			
		9					2	
2			5	6				7
8			4			1		
7	3					6		

		5	4					9
				9			6	8
7						2		3
	5	6					2	
			5			6		
			7	4			5	
3	7	8						
2						9		
			6	8	1			

7		8	4	5				
							6	
3		2		9			5	
	8	3	9		5			
		1		2				3
5			7		1			
	1		3			4		6
	9							
				6		8		2

	4	6						9
	8	2						1
					6			5
	9				7			
7				4		5		
			3			8	2	
8		4						
			2	3				
			1	9			6	2

		9			2	6		
	8			7			5	
7								4
					6			
1	2	3		5		7		
			4					
6					7			3
	5			3			2	
		4				1		

		9	1					5
8							7	
	6							9
3		2	5	6				
			8	7		4		
		6		2	4			
9					6			2
	7					8		
			2		5			

	5	7				3		
9			8					2
4					6			
			1			5		
	2			5			4	
					8			9
				4			6	8
	7	2	9	8				
		1				7		

		3		4				6
2		1						
						9	7	8
1		2	6			4		
4				5			1	
		7		3			5	
		8						1
			4		5			
	9				7			

				4				6
2		1			9			
		9	8					
1	6					4		
4				3		7		
8			7	6			5	
	7					8		1
		8	4		5			
				9				

CLUES

How to use the clues

Each clue grid represents the middle 3×3 box. To bring the difficulty level down significantly, enter the numbers from the clue grid into the middle 3×3 box in the Sudoku you are trying to solve. To bring the difficulty down less you can ask a friend to give you a few numbers from the clue grid.

1

6	4	7
3	5	1
9	2	8

2

8	4	9
6	1	2
5	7	3

3

5	2	3
4	7	9
6	8	1

4

1	7	9
3	4	2
6	8	5

5

4	9	5
2	8	1
7	6	3

6

3	1	7
9	6	5
8	4	2

7

8	1	3
5	7	6
2	4	9

8

5	6	7
4	3	2
9	1	8

9

9	6	2
3	7	1
5	4	8

10

9	6	2
3	7	1
5	4	8

11

4	2	3
6	8	9
5	1	7

12

2	1	4
3	5	7
6	8	9

13

9	4	1
6	7	8
2	5	3

14

9	2	6
7	5	4
3	1	8

15

2	3	7
8	9	4
5	6	1

16

9	8	6
7	5	3
4	2	1

17

2	9	8
3	1	5
4	7	6

18

5	9	4
8	6	2
3	1	7

19

3	7	4
8	9	1
2	5	6

20

3	5	4
6	2	7
8	9	1

21

2	1	8
5	7	9
6	3	4

22

8	6	9
2	1	7
4	5	3

23

5	9	8
7	3	1
6	2	4

24

1	7	2
8	9	4
5	3	6

25

5	2	7
3	8	6
1	4	9

26

1	6	5
2	3	7
9	4	8

27

6	5	4
8	3	1
2	7	9

28

1	9	5
7	2	8
4	6	3

29

2	3	8
4	5	6
1	7	9

30

7	4	6
1	2	9
8	3	5

31

5	8	7
9	2	4
1	6	3

32

8	3	7
1	2	5
6	9	4

33

7	6	5
9	3	2
8	4	1

34

1	8	2
4	9	6
7	5	3

35

5	7	2
3	8	4
6	9	1

36

5	7	9
8	1	3
2	4	6

37

8	9	7
3	5	6
2	4	1

38

4	7	2
1	5	8
3	9	6

39

6	8	2
9	5	3
4	7	1

40

4	5	2
3	6	1
9	7	8

41

4	8	9
2	1	5
3	6	7

42

1	8	2
9	5	3
4	7	6

43

1	5	2
4	8	7
6	9	3

44

1	6	3
9	8	4
7	2	5

45

9	2	5
7	4	6
3	8	1

46

4	3	1
8	5	7
9	2	6

47

3	2	5
8	1	6
4	9	7

48

8	6	7
1	5	3
2	9	4

49

7	2	6
9	5	1
4	8	3

50

1	3	5
6	9	2
4	7	8

51

6	1	9
3	4	2
8	5	7

52

4	9	8
7	5	2
1	3	6

53

9	2	4
8	7	3
5	6	1

54

9	1	5
8	2	7
4	3	6

55

7	3	2
9	8	6
1	5	4

56

8	6	1
2	9	5
3	4	7

57

3	4	8
2	7	5
6	9	1

58

4	7	8
2	6	1
5	3	9

59

2	9	6
3	8	5
7	4	1

60

4	1	6
2	7	9
8	5	3

61

4	9	2
5	8	3
7	6	1

62

9	1	3
8	4	5
6	7	2

63

3	9	6
4	7	2
1	8	5

64

1	7	6
5	4	3
8	2	9

65

4	8	3
9	6	1
5	2	7

66

2	7	6
3	4	8
5	1	9

67

2	1	3
7	5	6
9	4	8

68

1	8	4
5	9	6
7	3	2

69

3	8	1
4	6	7
9	5	2

70

8	9	1
6	3	4
5	7	2

71

9	4	3
1	7	5
2	6	8

72

2	3	8
4	5	9
1	7	6

73

9	7	4
3	1	6
2	5	8

74

4	8	5
1	6	7
9	2	3

75

5	1	4
2	8	3
6	9	7

76

6	3	5
2	1	9
8	7	4

77

3	8	9
7	1	4
6	5	2

78

2	7	5
9	3	6
1	8	4

79

5	2	3
7	4	1
6	9	8

80

8	5	7
1	3	2
4	6	9

81

5	6	4
9	3	8
1	2	7

82

9	5	8
6	3	1
2	4	7

83

8	6	7
2	1	9
5	3	4

84

7	2	5
4	6	8
1	9	3

85

9	1	4
6	8	7
5	2	3

86

3	8	4
2	5	7
9	1	6

87

3	1	8
2	4	6
5	9	7

88

1	5	2
6	4	7
9	8	3

89

2	6	9
7	4	8
5	1	3

90

6	1	2
7	9	4
8	5	3

91

1	3	2
9	5	8
7	4	6

92

2	6	5
7	4	8
9	1	3

93

9	2	5
6	8	4
1	7	3

94

7	6	5
3	8	9
4	2	1

95

1	7	6
8	2	3
5	9	4

96

6	8	2
3	4	1
9	7	5

97

2	8	1
6	5	3
7	9	4

98

3	5	8
6	4	9
2	1	7

99

2	6	7
8	4	3
1	5	9

100

2	9	5
7	6	1
8	3	4

101

2	8	1
9	5	7
3	6	4

102

7	3	5
8	9	4
1	6	2

103

9	2	4
1	3	6
7	8	5

104

5	2	4
8	6	7
1	3	9

105

7	4	3
9	2	8
5	1	6

106

8	6	2
5	4	1
3	9	7

107

1	6	8
4	3	5
7	9	2

108

9	4	2
7	3	8
6	1	5

109

3	8	6
5	2	4
7	9	1

110

2	6	5
9	3	7
8	4	1

111

3	9	5
1	2	4
7	8	6

112

1	2	4
3	5	7
6	9	8

113

7	5	8
2	3	4
9	6	1

114

2	9	7
6	5	3
4	8	1

115

9	4	5
6	1	2
3	7	8

116

9	8	6
7	5	3
4	2	1

117

4	3	6
5	9	7
2	1	8

118

3	9	7
8	4	2
6	1	5

119

4	5	8
9	1	2
6	3	7

120

9	1	2
3	8	4
6	5	7

121

6	7	4
1	3	5
2	9	8

122

7	5	6
3	9	8
1	4	2

123

6	8	4
9	7	3
2	1	5

124

4	7	5
6	1	2
8	3	9

125

1	6	9
4	2	7
3	8	5

126

2	6	1
3	7	8
5	4	9

127

1	3	8
9	7	2
6	5	4

128

7	4	6
2	8	3
5	1	9

129

1	3	9
4	5	6
2	7	8

130

5	7	2
1	8	9
4	6	3

131

7	4	9
6	8	1
3	2	5

132

6	1	4
5	8	9
3	7	2

133

9	6	2
8	7	1
5	4	3

134

7	5	3
4	1	6
8	2	9

135

9	1	4
6	2	7
8	3	5

136

4	6	8
7	9	2
1	3	5

137

9	6	8
4	5	7
3	1	2

138

4	1	7
2	5	9
8	3	6

139

9	3	6
7	5	1
8	2	4

140

2	3	1
9	4	7
8	5	6

141

3	4	7
5	9	8
1	2	6

142

4	3	6
7	5	1
8	2	9

143

7	1	4
3	2	6
8	5	9

144

5	8	3
6	2	1
7	4	9

145

9	2	7
4	6	3
5	8	1

146

4	8	1
3	5	2
9	7	6

147

3	1	6
4	9	2
5	8	7

148

6	1	8
7	5	9
3	4	2

149

7	2	6
9	5	1
4	8	3

150

2	3	6
8	1	4
5	7	9

151

1	7	2
4	5	8
6	9	3

152

3	8	9
4	7	1
2	6	5

153

9	3	7
8	1	2
5	4	6

154

3	8	5
1	4	2
7	9	6

155

5	7	9
3	2	6
4	8	1

156

1	5	8
7	6	4
9	3	2

157

9	6	3
7	1	4
2	5	8

158

7	6	5
1	4	8
9	2	3

159

9	5	1
7	2	8
3	6	4

160

8	7	2
6	1	4
3	9	5

161
9	3	1
8	2	7
4	6	5

162
4	1	3
7	5	2
8	9	6

163
7	2	9
4	1	5
3	6	8

164
6	4	2
8	5	7
3	1	9

165
1	4	7
9	3	6
8	2	5

166
6	9	7
2	5	8
3	1	4

167
2	5	6
3	7	1
8	9	4

168
4	8	1
3	6	7
5	2	9

169
4	7	6
1	3	5
9	2	8

170
4	1	7
5	8	3
9	6	2

171
2	3	4
7	1	9
8	5	6

172
3	1	9
6	7	5
2	8	4

173
2	7	4
3	9	8
5	1	6

174
8	4	6
1	3	9
7	2	5

175
1	6	3
8	2	4
5	9	7

176
5	1	2
6	9	4
7	8	3

177
4	7	3
5	9	1
6	2	8

178
5	2	9
3	8	6
7	1	4

179
2	6	3
9	5	1
8	4	7

180
6	3	5
4	8	9
1	7	2

181
1	4	9
2	8	6
5	3	7

182
1	5	4
9	8	3
2	7	6

183
5	8	7
6	9	4
1	3	2

184
8	6	9
2	3	5
7	4	1

185
8	4	7
1	2	3
5	9	6

186
3	9	6
1	7	4
5	2	8

187
1	6	7
3	5	4
2	9	8

188
8	2	6
1	5	3
4	7	9

189
8	9	7
2	5	1
6	3	4

190
8	7	2
5	6	1
4	9	3

191
3	5	1
2	7	6
4	8	9

192
8	9	6
2	5	1
7	3	4

193
8	1	9
5	2	3
7	4	6

194
9	4	5
6	2	8
7	3	1

195
5	6	7
8	4	2
3	1	9

196
7	1	6
9	5	8
4	2	3

197
5	6	1
8	7	3
9	2	4

198
1	9	4
6	5	3
2	7	8

199
6	7	9
8	5	2
1	3	4

200
5	8	2
9	3	1
7	6	4

SOLUTIONS

1

6	4	7	2	1	3	9	5	8
9	1	8	5	6	4	7	2	3
2	5	3	8	7	9	4	6	1
1	9	5	6	4	7	8	3	2
4	8	2	3	5	1	6	7	9
7	3	6	9	2	8	1	4	5
5	7	4	1	9	2	3	8	6
8	2	9	7	3	6	5	1	4
3	6	1	4	8	5	2	9	7

2

1	5	7	3	8	6	9	2	4
3	2	6	1	9	4	5	8	7
4	9	8	7	2	5	1	6	3
7	1	2	8	4	9	3	5	6
9	3	5	6	1	2	7	4	8
8	6	4	5	7	3	2	9	1
6	4	1	2	5	7	8	3	9
5	7	3	9	6	8	4	1	2
2	8	9	4	3	1	6	7	5

3

6	1	9	7	3	5	8	4	2
2	3	4	9	6	8	7	5	1
7	5	8	1	4	2	3	9	6
4	6	7	5	2	3	9	1	8
1	8	3	4	7	9	2	6	5
5	9	2	6	8	1	4	3	7
9	7	6	2	1	4	5	8	3
3	4	1	8	5	7	6	2	9
8	2	5	3	9	6	1	7	4

4

3	9	5	2	1	4	6	8	7
8	4	2	7	9	6	5	1	3
7	1	6	8	5	3	4	2	9
5	2	3	1	7	9	8	6	4
6	8	9	3	4	2	7	5	1
4	7	1	6	8	5	3	9	2
2	3	7	5	6	1	9	4	8
9	6	8	4	2	7	1	3	5
1	5	4	9	3	8	2	7	6

5

7	4	8	3	2	6	5	1	9
3	9	1	8	5	4	7	2	6
2	6	5	1	7	9	8	3	4
6	2	3	4	9	5	1	8	7
5	7	9	2	8	1	6	4	3
8	1	4	7	6	3	2	9	5
4	5	2	9	1	7	3	6	8
1	3	7	6	4	8	9	5	2
9	8	6	5	3	2	4	7	1

6

9	6	2	4	7	8	5	1	3
7	3	5	6	9	1	8	4	2
1	4	8	5	2	3	9	6	7
5	8	9	3	1	7	6	2	4
4	2	7	9	6	5	3	8	1
3	1	6	8	4	2	7	9	5
8	7	4	2	5	9	1	3	6
2	5	3	1	8	6	4	7	9
6	9	1	7	3	4	2	5	8

7

6	3	8	1	5	2	4	9	7
4	1	7	9	6	8	2	5	3
9	2	5	4	3	7	1	8	6
2	7	4	8	1	3	9	6	5
3	9	1	5	7	6	8	2	4
8	5	6	2	4	9	3	7	1
5	6	2	3	8	4	7	1	9
1	8	3	7	9	5	6	4	2
7	4	9	6	2	1	5	3	8

8

6	2	9	3	5	1	8	4	7
4	5	3	7	8	6	1	2	9
7	1	8	2	9	4	3	6	5
8	4	1	5	6	7	9	3	2
9	7	6	4	3	2	5	8	1
2	3	5	9	1	8	4	7	6
3	8	7	1	2	9	6	5	4
1	6	2	8	4	5	7	9	3
5	9	4	6	7	3	2	1	8

9

9	5	1	4	2	6	7	3	8
6	2	7	8	1	3	5	9	4
3	8	4	7	5	9	1	6	2
7	3	5	9	6	2	8	4	1
8	4	6	3	7	1	2	5	9
1	9	2	5	4	8	3	7	6
2	1	9	6	3	7	4	8	5
5	7	8	1	9	4	6	2	3
4	6	3	2	8	5	9	1	7

10

9	5	1	4	2	6	7	3	8
6	2	7	8	1	3	5	9	4
3	8	4	7	5	9	1	6	2
7	3	5	9	6	2	8	4	1
8	4	6	3	7	1	2	5	9
1	9	2	5	4	8	3	7	6
2	1	9	6	3	7	4	8	5
5	7	8	1	9	4	6	2	3
4	6	3	2	8	5	9	1	7

11

1	2	8	3	4	6	5	9	7
5	9	3	2	7	8	6	4	1
4	6	7	1	9	5	2	3	8
9	8	1	4	2	3	7	6	5
7	4	5	6	8	9	1	2	3
6	3	2	5	1	7	9	8	4
3	5	4	7	6	2	8	1	9
8	7	6	9	3	1	4	5	2
2	1	9	8	5	4	3	7	6

12

2	3	7	5	4	8	1	6	9
9	1	6	7	3	2	5	8	4
4	8	5	1	9	6	2	3	7
5	6	8	2	1	4	9	7	3
1	9	4	3	5	7	6	2	8
7	2	3	6	8	9	4	1	5
3	7	1	4	2	5	8	9	6
6	5	9	8	7	1	3	4	2
8	4	2	9	6	3	7	5	1

13

6	9	3	4	8	5	2	7	1
1	8	2	7	3	9	5	4	6
4	5	7	1	6	2	9	8	3
5	6	8	9	4	1	3	2	7
2	3	1	6	7	8	4	9	5
7	4	9	2	5	3	1	6	8
9	7	6	3	1	4	8	5	2
3	2	5	8	9	7	6	1	4
8	1	4	5	2	6	7	3	9

14

4	1	7	8	9	2	6	5	3
5	2	8	4	6	3	7	9	1
9	3	6	5	7	1	8	2	4
3	8	4	9	2	6	5	1	7
1	9	2	7	5	4	3	8	6
7	6	5	3	1	8	2	4	9
8	5	9	6	4	7	1	3	2
2	7	3	1	8	9	4	6	5
6	4	1	2	3	5	9	7	8

15

3	1	5	7	2	6	4	8	9
9	4	2	1	8	3	7	5	6
6	7	8	4	5	9	1	2	3
1	5	6	2	3	7	8	9	4
7	2	3	8	9	4	5	6	1
4	8	9	5	6	1	2	3	7
8	3	7	9	4	5	6	1	2
5	9	4	6	1	2	3	7	8
2	6	1	3	7	8	9	4	5

16

5	7	2	1	6	8	3	4	9
9	6	1	3	7	4	5	8	2
3	4	8	5	9	2	7	1	6
4	3	5	9	8	6	1	2	7
2	1	6	7	5	3	4	9	8
7	8	9	4	2	1	6	5	3
8	9	3	6	4	5	2	7	1
6	2	4	8	1	7	9	3	5
1	5	7	2	3	9	8	6	4

17

1	6	4	5	8	3	7	9	2
7	8	2	1	6	9	4	3	5
9	3	5	7	2	4	1	8	6
6	5	1	2	9	8	3	7	4
8	4	7	3	1	5	2	6	9
2	9	3	4	7	6	5	1	8
3	1	8	6	4	2	9	5	7
5	2	9	8	3	7	6	4	1
4	7	6	9	5	1	8	2	3

18

1	7	3	2	8	5	9	4	6
5	9	4	6	3	1	7	8	2
2	8	6	4	7	9	5	3	1
6	1	2	5	9	4	8	7	3
7	3	9	8	6	2	4	1	5
4	5	8	3	1	7	6	2	9
9	4	7	1	2	6	3	5	8
8	2	5	9	4	3	1	6	7
3	6	1	7	5	8	2	9	4

19

3	5	6	9	8	7	4	1	2
2	9	8	4	1	3	5	6	7
4	7	1	5	6	2	8	3	9
5	1	2	3	7	4	6	9	8
6	4	7	8	9	1	2	5	3
8	3	9	2	5	6	1	7	4
7	8	3	1	4	5	9	2	6
9	6	5	7	2	8	3	4	1
1	2	4	6	3	9	7	8	5

20

9	3	7	4	6	5	1	2	8
2	5	6	9	1	8	4	7	3
4	8	1	2	7	3	6	9	5
1	9	2	3	5	4	8	6	7
3	4	8	6	2	7	9	5	1
7	6	5	8	9	1	2	3	4
5	1	9	7	8	2	3	4	6
6	7	3	1	4	9	5	8	2
8	2	4	5	3	6	7	1	9

21

4	8	9	1	5	6	7	3	2
1	3	2	8	9	7	6	5	4
6	7	5	4	2	3	9	8	1
5	9	6	2	1	8	4	7	3
3	4	1	5	7	9	2	6	8
8	2	7	6	3	4	1	9	5
7	5	8	9	4	1	3	2	6
2	1	3	7	6	5	8	4	9
9	6	4	3	8	2	5	1	7

22

9	8	7	3	2	5	6	1	4
2	6	4	9	7	1	3	5	8
5	3	1	6	4	8	7	2	9
1	2	5	8	6	9	4	3	7
3	4	6	2	1	7	8	9	5
7	9	8	4	5	3	1	6	2
6	1	9	7	8	2	5	4	3
8	5	2	1	3	4	9	7	6
4	7	3	5	9	6	2	8	1

23

6	7	3	4	1	9	8	5	2
5	9	2	8	6	3	1	4	7
1	4	8	2	7	5	9	3	6
7	2	4	5	9	8	3	6	1
9	8	6	7	3	1	5	2	4
3	5	1	6	2	4	7	9	8
2	1	7	9	5	6	4	8	3
8	3	5	1	4	2	6	7	9
4	6	9	3	8	7	2	1	5

24

3	5	6	7	2	9	8	4	1
4	1	8	3	6	5	7	2	9
9	2	7	4	8	1	3	6	5
6	4	9	1	7	2	5	3	8
5	3	2	8	9	4	6	1	7
7	8	1	5	3	6	2	9	4
1	6	4	2	5	8	9	7	3
2	7	5	9	4	3	1	8	6
8	9	3	6	1	7	4	5	2

25

8	6	2	9	3	5	1	7	4
5	1	7	8	6	4	9	2	3
9	4	3	7	1	2	6	8	5
1	3	4	5	2	7	8	9	6
2	7	9	3	8	6	5	4	1
6	5	8	1	4	9	2	3	7
7	8	6	4	9	1	3	5	2
3	2	5	6	7	8	4	1	9
4	9	1	2	5	3	7	6	8

26

4	6	7	8	9	3	5	2	1
9	5	3	4	1	2	8	6	7
2	1	8	5	7	6	4	3	9
8	3	4	1	6	5	9	7	2
6	9	5	2	3	7	1	8	4
1	7	2	9	4	8	3	5	6
5	4	6	7	8	1	2	9	3
7	2	1	3	5	9	6	4	8
3	8	9	6	2	4	7	1	5

27

1	8	4	7	6	5	9	3	2
5	3	2	9	4	8	6	7	1
9	7	6	1	2	3	4	8	5
7	2	8	6	5	4	1	9	3
6	5	9	8	3	1	7	2	4
3	4	1	2	7	9	8	5	6
8	6	3	4	9	2	5	1	7
4	9	5	3	1	7	2	6	8
2	1	7	5	8	6	3	4	9

28

4	7	3	6	5	1	8	9	2
5	1	9	2	8	7	3	4	6
2	6	8	3	4	9	5	1	7
7	2	4	1	9	5	6	3	8
6	3	1	7	2	8	9	5	4
8	9	5	4	6	3	7	2	1
9	5	6	8	1	2	4	7	3
1	4	7	9	3	6	2	8	5
3	8	2	5	7	4	1	6	9

29

2	7	5	9	8	3	6	4	1
9	1	6	5	4	2	8	7	3
3	8	4	7	6	1	2	9	5
7	5	9	2	3	8	4	1	6
1	2	3	4	5	6	7	8	9
4	6	8	1	7	9	3	5	2
6	4	2	8	1	5	9	3	7
8	9	1	3	2	7	5	6	4
5	3	7	6	9	4	1	2	8

30

6	8	2	9	1	4	7	5	3
9	3	5	2	7	8	6	1	4
7	4	1	6	5	3	9	8	2
5	2	9	7	4	6	8	3	1
8	7	3	1	2	9	4	6	5
4	1	6	8	3	5	2	9	7
3	5	8	4	6	2	1	7	9
2	9	7	3	8	1	5	4	6
1	6	4	5	9	7	3	2	8

31

7	4	8	6	9	2	5	3	1
5	3	9	7	1	8	4	2	6
2	1	6	4	3	5	9	8	7
6	2	3	5	8	7	1	4	9
1	7	5	9	2	4	3	6	8
9	8	4	1	6	3	2	7	5
4	6	7	2	5	1	8	9	3
8	5	2	3	7	9	6	1	4
3	9	1	8	4	6	7	5	2

32

2	7	8	3	4	1	6	5	9
1	3	6	5	7	9	2	4	8
4	9	5	2	8	6	1	7	3
6	5	4	8	3	7	9	2	1
9	8	7	1	2	5	3	6	4
3	2	1	6	9	4	7	8	5
5	4	9	7	1	2	8	3	6
7	6	3	9	5	8	4	1	2
8	1	2	4	6	3	5	9	7

33

2	9	4	6	7	8	5	3	1
1	5	6	4	2	3	7	9	8
8	7	3	5	1	9	2	4	6
3	1	8	7	6	5	9	2	4
4	6	5	9	3	2	8	1	7
7	2	9	8	4	1	6	5	3
5	3	7	2	8	4	1	6	9
9	8	1	3	5	6	4	7	2
6	4	2	1	9	7	3	8	5

34

6	4	9	2	3	5	8	7	1
1	3	8	9	7	4	5	6	2
5	2	7	6	1	8	9	3	4
7	5	3	1	8	2	4	9	6
2	8	1	4	9	6	7	5	3
9	6	4	7	5	3	2	1	8
8	9	2	3	6	7	1	4	5
3	1	5	8	4	9	6	2	7
4	7	6	5	2	1	3	8	9

35

3	8	5	9	1	7	2	4	6
2	1	7	8	4	6	3	9	5
4	9	6	2	5	3	1	7	8
8	6	4	5	7	2	9	3	1
1	2	9	3	8	4	6	5	7
5	7	3	6	9	1	8	2	4
6	4	8	7	2	9	5	1	3
9	5	1	4	3	8	7	6	2
7	3	2	1	6	5	4	8	9

36

2	3	5	9	6	4	1	8	7
1	4	9	3	8	7	6	5	2
6	8	7	1	2	5	9	4	3
3	6	1	5	7	9	8	2	4
9	2	4	8	1	3	5	7	6
7	5	8	2	4	6	3	1	9
8	7	3	4	9	1	2	6	5
5	1	6	7	3	2	4	9	8
4	9	2	6	5	8	7	3	1

37

4	3	5	6	2	9	8	1	7
9	1	7	4	8	3	6	5	2
2	6	8	1	7	5	9	4	3
1	4	6	8	9	7	3	2	5
7	9	2	3	5	6	4	8	1
5	8	3	2	4	1	7	6	9
8	7	1	9	6	2	5	3	4
6	2	9	5	3	4	1	7	8
3	5	4	7	1	8	2	9	6

38

2	9	8	5	6	3	1	7	4
5	1	7	8	2	4	9	3	6
3	6	4	7	1	9	8	5	2
1	3	6	4	7	2	5	8	9
9	4	2	1	5	8	3	6	7
7	8	5	3	9	6	4	2	1
6	5	9	2	3	1	7	4	8
4	7	1	6	8	5	2	9	3
8	2	3	9	4	7	6	1	5

39

4	5	9	7	3	8	6	1	2
1	6	8	2	9	4	5	3	7
2	3	7	5	1	6	4	9	8
5	9	3	6	8	2	1	7	4
7	1	4	9	5	3	2	8	6
8	2	6	4	7	1	9	5	3
9	4	5	8	6	7	3	2	1
3	7	2	1	4	9	8	6	5
6	8	1	3	2	5	7	4	9

40

9	3	5	6	2	7	4	1	8
1	7	2	8	4	9	5	6	3
6	8	4	5	1	3	7	2	9
3	9	7	4	5	2	6	8	1
5	4	8	3	6	1	9	7	2
2	1	6	9	7	8	3	5	4
4	2	3	7	8	6	1	9	5
7	5	1	2	9	4	8	3	6
8	6	9	1	3	5	2	4	7

41

3	4	8	1	5	2	7	6	9
7	1	9	8	4	6	5	3	2
5	6	2	9	7	3	8	1	4
6	3	7	4	8	9	2	5	1
9	8	4	2	1	5	6	7	3
1	2	5	3	6	7	9	4	8
4	7	1	6	2	8	3	9	5
8	5	3	7	9	4	1	2	6
2	9	6	5	3	1	4	8	7

42

9	5	3	6	4	7	1	2	8
1	7	6	5	2	8	9	3	4
2	8	4	3	9	1	5	6	7
3	6	9	1	8	2	7	4	5
4	1	7	9	5	3	2	8	6
8	2	5	4	7	6	3	1	9
5	9	8	2	1	4	6	7	3
7	3	1	8	6	5	4	9	2
6	4	2	7	3	9	8	5	1

43

1	7	6	3	2	4	5	8	9
2	4	8	9	7	5	3	6	1
3	9	5	8	1	6	4	7	2
7	8	4	1	5	2	6	9	3
6	3	9	4	8	7	2	1	5
5	1	2	6	9	3	7	4	8
8	5	7	2	6	9	1	3	4
4	6	1	5	3	8	9	2	7
9	2	3	7	4	1	8	5	6

44

9	7	1	5	3	6	4	2	8
4	5	6	8	1	2	9	3	7
8	3	2	4	7	9	1	6	5
7	2	4	1	6	3	5	8	9
3	1	5	9	8	4	6	7	2
6	9	8	7	2	5	3	4	1
1	8	3	6	5	7	2	9	4
5	6	9	2	4	8	7	1	3
2	4	7	3	9	1	8	5	6

45

7	3	5	4	1	8	9	6	2
1	2	4	6	9	3	5	7	8
9	8	6	5	7	2	1	3	4
3	4	1	9	2	5	7	8	6
2	5	8	7	4	6	3	9	1
6	9	7	3	8	1	2	4	5
8	6	9	2	5	7	4	1	3
4	1	2	8	3	9	6	5	7
5	7	3	1	6	4	8	2	9

46

1	8	5	2	7	4	9	3	6
9	2	4	6	8	3	1	5	7
7	6	3	1	9	5	4	2	8
5	7	9	4	3	1	8	6	2
6	1	2	8	5	7	3	9	4
3	4	8	9	2	6	5	7	1
8	9	6	3	1	2	7	4	5
2	5	1	7	4	9	6	8	3
4	3	7	5	6	8	2	1	9

47

7	2	4	1	5	9	6	8	3
6	5	8	2	3	4	9	1	7
1	9	3	6	7	8	2	5	4
4	6	7	3	2	5	8	9	1
5	3	9	8	1	6	7	4	2
2	8	1	4	9	7	5	3	6
8	7	6	5	4	1	3	2	9
9	1	2	7	8	3	4	6	5
3	4	5	9	6	2	1	7	8

48

4	3	8	5	7	1	2	6	9
2	7	5	9	8	6	4	1	3
9	6	1	4	3	2	7	8	5
5	2	4	8	6	7	9	3	1
8	9	7	1	5	3	6	2	4
6	1	3	2	9	4	8	5	7
3	4	9	6	2	5	1	7	8
1	5	2	7	4	8	3	9	6
7	8	6	3	1	9	5	4	2

49

6	8	3	2	4	7	9	1	5
4	2	1	6	9	5	3	7	8
5	7	9	1	3	8	4	6	2
9	1	5	7	2	6	8	4	3
8	3	4	9	5	1	7	2	6
7	6	2	4	8	3	1	5	9
3	5	7	8	6	4	2	9	1
1	9	8	5	7	2	6	3	4
2	4	6	3	1	9	5	8	7

50

6	8	1	2	4	7	9	3	5
9	4	2	3	5	6	8	7	1
3	7	5	9	8	1	6	2	4
2	6	8	1	3	5	7	4	9
7	5	4	6	9	2	3	1	8
1	3	9	4	7	8	2	5	6
8	9	3	7	1	4	5	6	2
4	2	7	5	6	9	1	8	3
5	1	6	8	2	3	4	9	7

51

3	4	1	5	9	8	2	7	6
6	5	8	2	7	1	9	3	4
7	2	9	4	6	3	5	1	8
2	7	5	6	1	9	8	4	3
8	1	6	3	4	2	7	9	5
4	9	3	8	5	7	6	2	1
1	8	4	7	2	5	3	6	9
9	3	7	1	8	6	4	5	2
5	6	2	9	3	4	1	8	7

52

9	2	8	3	7	1	5	4	6
7	5	1	6	2	4	9	8	3
4	3	6	5	8	9	1	7	2
2	6	3	4	9	8	7	5	1
1	9	4	7	5	2	3	6	8
5	8	7	1	3	6	4	2	9
3	4	9	8	6	7	2	1	5
8	7	2	9	1	5	6	3	4
6	1	5	2	4	3	8	9	7

53

5	9	4	2	3	6	1	7	8
7	3	8	1	9	5	6	4	2
2	6	1	7	4	8	9	5	3
1	8	3	9	2	4	5	6	7
6	4	5	8	7	3	2	9	1
9	7	2	5	6	1	3	8	4
8	1	6	4	5	2	7	3	9
3	2	7	6	8	9	4	1	5
4	5	9	3	1	7	8	2	6

54

3	5	6	1	7	8	2	4	9
7	1	2	6	4	9	3	5	8
9	4	8	3	5	2	6	1	7
6	2	4	9	1	5	8	7	3
1	3	9	8	2	7	4	6	5
8	7	5	4	3	6	1	9	2
5	6	3	2	9	4	7	8	1
4	9	1	7	8	3	5	2	6
2	8	7	5	6	1	9	3	4

55

2	6	1	3	9	5	8	7	4
7	4	9	6	2	8	1	3	5
5	3	8	4	1	7	2	9	6
4	9	6	7	3	2	5	8	1
1	2	5	9	8	6	7	4	3
3	8	7	1	5	4	6	2	9
6	5	2	8	4	9	3	1	7
8	1	4	5	7	3	9	6	2
9	7	3	2	6	1	4	5	8

56

3	2	5	7	1	9	6	8	4
4	7	1	6	8	3	9	2	5
8	6	9	4	5	2	7	3	1
7	5	3	8	6	1	4	9	2
1	8	4	2	9	5	3	6	7
2	9	6	3	4	7	1	5	8
9	3	8	1	2	4	5	7	6
6	4	7	5	3	8	2	1	9
5	1	2	9	7	6	8	4	3

57

4	9	7	1	8	6	5	3	2
1	2	5	7	3	9	8	4	6
8	3	6	5	2	4	9	1	7
9	7	1	3	4	8	2	6	5
3	6	8	2	7	5	1	9	4
5	4	2	6	9	1	7	8	3
7	5	4	8	1	3	6	2	9
2	8	9	4	6	7	3	5	1
6	1	3	9	5	2	4	7	8

58

6	9	3	8	2	4	1	5	7
4	8	2	7	1	5	9	6	3
7	5	1	3	9	6	8	4	2
9	1	6	4	7	8	2	3	5
3	4	5	2	6	1	7	9	8
8	2	7	5	3	9	4	1	6
1	3	9	6	8	2	5	7	4
5	7	8	9	4	3	6	2	1
2	6	4	1	5	7	3	8	9

59

3	6	7	4	5	2	8	1	9
4	1	9	6	7	8	5	2	3
2	5	8	9	1	3	4	7	6
1	7	5	2	9	6	3	8	4
6	2	4	3	8	5	7	9	1
8	9	3	7	4	1	6	5	2
5	8	2	1	6	4	9	3	7
7	3	6	8	2	9	1	4	5
9	4	1	5	3	7	2	6	8

60

6	9	2	1	3	8	5	4	7
5	3	8	7	4	2	9	6	1
7	1	4	9	6	5	3	2	8
3	5	9	4	1	6	7	8	2
8	6	1	2	7	9	4	5	3
4	2	7	8	5	3	6	1	9
2	4	3	5	8	7	1	9	6
9	7	5	6	2	1	8	3	4
1	8	6	3	9	4	2	7	5

61

1	2	8	6	5	7	3	9	4
7	4	5	8	3	9	1	2	6
9	3	6	2	1	4	8	5	7
8	6	7	4	9	2	5	3	1
4	1	9	5	8	3	6	7	2
2	5	3	7	6	1	4	8	9
3	8	1	9	7	6	2	4	5
5	7	4	1	2	8	9	6	3
6	9	2	3	4	5	7	1	8

62

7	1	8	2	9	6	3	4	5
4	2	6	5	3	7	1	8	9
5	3	9	4	8	1	7	2	6
6	8	2	9	1	3	5	7	4
9	7	3	8	4	5	6	1	2
1	5	4	6	7	2	9	3	8
8	9	1	7	5	4	2	6	3
2	4	7	3	6	9	8	5	1
3	6	5	1	2	8	4	9	7

63

7	9	8	5	2	1	6	4	3
1	5	4	9	6	3	8	2	7
6	2	3	8	4	7	1	9	5
4	8	1	3	9	6	5	7	2
3	6	5	4	7	2	9	1	8
9	7	2	1	8	5	3	6	4
8	1	6	7	3	4	2	5	9
5	3	7	2	1	9	4	8	6
2	4	9	6	5	8	7	3	1

64

6	2	5	3	1	4	8	7	9
7	9	1	2	8	5	3	6	4
8	4	3	6	9	7	2	5	1
3	5	9	1	7	6	4	2	8
1	8	2	5	4	3	7	9	6
4	6	7	8	2	9	5	1	3
9	3	8	7	5	1	6	4	2
2	7	4	9	6	8	1	3	5
5	1	6	4	3	2	9	8	7

65

6	1	9	3	4	8	5	7	2
2	7	5	1	9	6	3	4	8
4	8	3	7	5	2	1	9	6
1	9	6	4	8	3	2	5	7
7	5	2	9	6	1	4	8	3
8	3	4	5	2	7	6	1	9
3	4	8	2	7	5	9	6	1
9	6	1	8	3	4	7	2	5
5	2	7	6	1	9	8	3	4

66

8	6	3	9	2	5	7	4	1
9	1	7	4	6	3	5	8	2
2	4	5	1	8	7	9	3	6
3	8	9	2	7	6	4	1	5
1	5	2	3	4	8	6	7	9
6	7	4	5	1	9	3	2	8
5	9	8	7	3	2	1	6	4
4	3	6	8	5	1	2	9	7
7	2	1	6	9	4	8	5	3

67

8	9	6	4	3	1	5	2	7
3	2	4	5	9	7	8	1	6
1	5	7	8	6	2	9	4	3
6	8	9	2	1	3	7	5	4
4	1	2	7	5	6	3	9	8
5	7	3	9	4	8	2	6	1
2	4	1	3	8	9	6	7	5
7	3	5	6	2	4	1	8	9
9	6	8	1	7	5	4	3	2

68

3	5	1	9	2	8	4	7	6
6	9	4	3	5	7	1	8	2
2	7	8	6	4	1	5	3	9
7	6	5	1	8	4	2	9	3
4	2	3	5	9	6	7	1	8
8	1	9	7	3	2	6	5	4
1	8	6	2	7	9	3	4	5
9	3	2	4	1	5	8	6	7
5	4	7	8	6	3	9	2	1

69

7	1	6	5	3	9	8	4	2
8	2	3	7	4	6	1	9	5
4	5	9	2	1	8	6	7	3
9	7	5	3	8	1	4	2	6
1	3	2	4	6	7	9	5	8
6	8	4	9	5	2	3	1	7
5	6	7	8	9	4	2	3	1
3	9	8	1	2	5	7	6	4
2	4	1	6	7	3	5	8	9

70

7	4	1	3	6	8	9	2	5
5	8	2	1	4	9	6	7	3
6	3	9	2	5	7	4	1	8
4	5	7	8	9	1	3	6	2
1	2	8	6	3	4	7	5	9
9	6	3	5	7	2	1	8	4
8	9	4	7	1	5	2	3	6
3	7	5	9	2	6	8	4	1
2	1	6	4	8	3	5	9	7

71

4	8	1	5	3	2	6	9	7
5	2	3	6	9	7	8	4	1
7	6	9	4	8	1	5	2	3
1	7	6	9	4	3	2	8	5
8	9	2	1	7	5	3	6	4
3	4	5	2	6	8	1	7	9
6	3	7	8	1	4	9	5	2
9	5	4	3	2	6	7	1	8
2	1	8	7	5	9	4	3	6

72

3	6	4	5	8	2	7	1	9
8	7	2	9	6	1	3	4	5
5	9	1	3	4	7	6	8	2
4	5	7	2	3	8	9	6	1
6	1	8	4	5	9	2	7	3
9	2	3	1	7	6	8	5	4
2	8	9	7	1	5	4	3	6
7	4	5	6	2	3	1	9	8
1	3	6	8	9	4	5	2	7

73

3	9	2	7	4	1	6	5	8
5	7	8	6	3	9	1	2	4
4	6	1	8	2	5	9	7	3
1	5	6	9	7	4	3	8	2
8	2	4	3	1	6	7	9	5
7	3	9	2	5	8	4	1	6
2	8	3	1	6	7	5	4	9
9	1	5	4	8	3	2	6	7
6	4	7	5	9	2	8	3	1

74

2	5	6	3	9	4	1	7	8
4	8	7	6	5	1	9	3	2
3	9	1	2	7	8	4	6	5
9	6	3	4	8	5	2	1	7
5	2	4	1	6	7	8	9	3
7	1	8	9	2	3	5	4	6
8	3	5	7	4	9	6	2	1
6	7	9	8	1	2	3	5	4
1	4	2	5	3	6	7	8	9

75

7	2	1	3	4	8	9	6	5
9	5	4	1	2	6	8	3	7
8	6	3	7	5	9	4	1	2
3	9	2	5	1	4	7	8	6
4	7	6	2	8	3	5	9	1
1	8	5	6	9	7	3	2	4
2	1	7	9	3	5	6	4	8
6	3	8	4	7	1	2	5	9
5	4	9	8	6	2	1	7	3

76

7	9	3	1	5	6	2	8	4
5	2	6	4	8	7	1	9	3
4	8	1	9	2	3	6	7	5
9	1	7	6	3	5	4	2	8
3	4	8	2	1	9	7	5	6
2	6	5	8	7	4	9	3	1
1	7	4	5	9	8	3	6	2
8	3	2	7	6	1	5	4	9
6	5	9	3	4	2	8	1	7

77

1	3	4	8	7	5	2	9	6
2	9	5	4	3	6	8	7	1
6	8	7	9	2	1	4	5	3
4	1	2	3	8	9	5	6	7
8	5	6	7	1	4	3	2	9
9	7	3	6	5	2	1	8	4
3	2	8	1	9	7	6	4	5
5	6	9	2	4	3	7	1	8
7	4	1	5	6	8	9	3	2

78

5	3	2	7	6	9	4	1	8
9	8	7	3	4	1	5	2	6
6	4	1	5	2	8	7	9	3
4	6	8	2	7	5	1	3	9
7	1	5	9	3	6	2	8	4
2	9	3	1	8	4	6	7	5
1	5	6	8	9	7	3	4	2
8	2	4	6	1	3	9	5	7
3	7	9	4	5	2	8	6	1

79

5	4	6	1	7	2	3	8	9
3	9	1	4	8	5	6	7	2
8	2	7	3	6	9	4	1	5
9	1	8	5	2	3	7	4	6
6	3	5	7	4	1	9	2	8
2	7	4	6	9	8	5	3	1
4	8	9	2	5	7	1	6	3
1	6	2	9	3	4	8	5	7
7	5	3	8	1	6	2	9	4

80

1	4	5	3	2	8	6	9	7
3	2	7	6	9	1	8	5	4
8	9	6	7	4	5	3	2	1
4	1	2	8	5	7	9	3	6
6	8	9	1	3	2	4	7	5
7	5	3	4	6	9	1	8	2
5	3	1	2	8	4	7	6	9
9	6	4	5	7	3	2	1	8
2	7	8	9	1	6	5	4	3

81

7	9	8	3	1	5	6	2	4
4	5	6	7	9	2	8	3	1
3	2	1	4	8	6	7	9	5
8	1	3	5	6	4	2	7	9
2	7	4	9	3	8	1	5	6
9	6	5	1	2	7	4	8	3
1	8	2	6	5	9	3	4	7
6	4	9	8	7	3	5	1	2
5	3	7	2	4	1	9	6	8

82

4	2	8	7	1	6	5	3	9
6	5	1	8	9	3	7	2	4
7	3	9	4	2	5	1	8	6
2	6	7	9	5	8	3	4	1
9	4	5	6	3	1	8	7	2
1	8	3	2	4	7	9	6	5
8	7	4	1	6	9	2	5	3
5	9	2	3	8	4	6	1	7
3	1	6	5	7	2	4	9	8

83

1	2	5	9	8	6	3	7	4
8	7	9	4	5	3	2	6	1
4	3	6	1	7	2	9	8	5
5	1	3	8	6	7	4	2	9
6	4	8	2	1	9	5	3	7
7	9	2	5	3	4	6	1	8
9	6	4	7	2	1	8	5	3
2	8	1	3	9	5	7	4	6
3	5	7	6	4	8	1	9	2

84

1	9	5	3	7	2	6	4	8
8	3	2	5	4	6	1	9	7
6	7	4	8	1	9	2	3	5
4	8	1	7	2	5	9	6	3
3	2	9	4	6	8	5	7	1
5	6	7	1	9	3	8	2	4
2	1	8	6	3	7	4	5	9
7	5	6	9	8	4	3	1	2
9	4	3	2	5	1	7	8	6

85

2	7	4	8	9	6	5	1	3
8	9	5	3	4	1	7	6	2
6	3	1	2	7	5	8	4	9
5	2	7	9	1	4	3	8	6
9	1	3	6	8	7	4	2	5
4	8	6	5	2	3	1	9	7
7	6	9	4	5	8	2	3	1
1	4	2	7	3	9	6	5	8
3	5	8	1	6	2	9	7	4

86

7	2	3	1	4	8	6	9	5
1	6	9	5	7	3	2	4	8
5	8	4	6	9	2	1	3	7
9	7	2	3	8	4	5	1	6
4	1	6	2	5	7	3	8	9
8	3	5	9	1	6	4	7	2
2	4	8	7	6	1	9	5	3
6	5	7	4	3	9	8	2	1
3	9	1	8	2	5	7	6	4

87

3	5	4	7	2	1	6	9	8
6	7	1	9	8	3	2	4	5
9	8	2	6	5	4	1	3	7
7	4	6	3	1	8	5	2	9
5	1	9	2	4	6	7	8	3
8	2	3	5	9	7	4	1	6
1	9	8	4	7	5	3	6	2
4	3	7	8	6	2	9	5	1
2	6	5	1	3	9	8	7	4

88

9	3	7	2	1	4	8	6	5
5	6	2	3	9	8	4	1	7
4	1	8	5	7	6	3	9	2
6	9	3	1	5	2	7	8	4
2	8	1	6	4	7	5	3	9
7	4	5	9	8	3	6	2	1
8	2	9	7	6	5	1	4	3
3	7	4	8	2	1	9	5	6
1	5	6	4	3	9	2	7	8

89

7	8	1	6	3	5	2	4	9
2	9	3	4	8	7	6	1	5
6	4	5	1	9	2	8	7	3
1	5	8	2	6	9	4	3	7
3	2	9	7	4	8	5	6	1
4	6	7	5	1	3	9	2	8
9	1	6	8	7	4	3	5	2
8	7	2	3	5	6	1	9	4
5	3	4	9	2	1	7	8	6

90

3	8	5	1	6	9	7	4	2
2	1	6	4	7	8	3	9	5
7	9	4	2	3	5	6	1	8
5	3	7	6	1	2	4	8	9
1	6	8	7	9	4	5	2	3
4	2	9	8	5	3	1	6	7
8	7	2	3	4	1	9	5	6
9	4	3	5	2	6	8	7	1
6	5	1	9	8	7	2	3	4

91

2	5	1	6	9	3	8	4	7
8	3	6	2	7	4	5	1	9
7	9	4	8	1	5	2	3	6
4	7	9	1	3	2	6	8	5
1	6	3	9	5	8	7	2	4
5	2	8	7	4	6	1	9	3
3	8	2	5	6	9	4	7	1
6	4	7	3	8	1	9	5	2
9	1	5	4	2	7	3	6	8

92

8	2	9	1	3	7	4	6	5
4	6	7	5	8	2	9	1	3
5	3	1	6	9	4	7	2	8
7	8	3	2	6	5	1	4	9
1	9	5	7	4	8	6	3	2
6	4	2	9	1	3	5	8	7
9	7	4	8	2	1	3	5	6
2	1	6	3	5	9	8	7	4
3	5	8	4	7	6	2	9	1

93

8	6	5	7	3	9	2	1	4
4	3	1	2	5	6	7	9	8
9	7	2	8	4	1	3	5	6
7	4	3	9	2	5	8	6	1
2	1	9	6	8	4	5	7	3
5	8	6	1	7	3	9	4	2
6	2	8	4	9	7	1	3	5
3	9	4	5	1	8	6	2	7
1	5	7	3	6	2	4	8	9

94

8	7	3	1	9	4	5	6	2
4	5	6	2	7	8	9	1	3
9	1	2	5	3	6	4	7	8
1	3	9	7	6	5	2	8	4
6	2	4	3	8	9	7	5	1
5	8	7	4	2	1	6	3	9
3	4	5	9	1	7	8	2	6
2	9	8	6	5	3	1	4	7
7	6	1	8	4	2	3	9	5

95

8	9	2	3	1	7	5	4	6
3	4	5	2	6	8	1	7	9
6	7	1	4	5	9	2	8	3
5	8	3	1	7	6	4	9	2
9	1	4	8	2	3	7	6	5
2	6	7	5	9	4	3	1	8
4	2	8	9	3	1	6	5	7
7	5	9	6	4	2	8	3	1
1	3	6	7	8	5	9	2	4

96

3	9	7	4	1	8	2	5	6
5	8	2	7	6	9	3	4	1
6	1	4	5	2	3	8	7	9
4	7	1	6	8	2	5	9	3
9	2	5	3	4	1	6	8	7
8	6	3	9	7	5	4	1	2
2	3	8	1	9	4	7	6	5
1	4	6	2	5	7	9	3	8
7	5	9	8	3	6	1	2	4

97

5	2	1	4	7	8	3	6	9
7	9	3	1	2	6	4	5	8
8	4	6	9	3	5	2	7	1
6	7	4	2	8	1	9	3	5
9	8	2	6	5	3	7	1	4
3	1	5	7	9	4	8	2	6
1	6	8	3	4	2	5	9	7
2	5	7	8	1	9	6	4	3
4	3	9	5	6	7	1	8	2

98

4	1	5	8	9	6	7	2	3
2	6	7	4	3	1	8	5	9
3	9	8	7	2	5	4	1	6
1	7	9	3	5	8	2	6	4
5	2	3	6	4	9	1	8	7
6	8	4	2	1	7	3	9	5
7	5	1	9	8	4	6	3	2
8	4	2	5	6	3	9	7	1
9	3	6	1	7	2	5	4	8

99

4	9	3	5	7	8	2	1	6
8	1	6	4	3	2	9	7	5
7	2	5	6	9	1	3	8	4
1	4	8	2	6	7	5	9	3
5	7	9	8	4	3	1	6	2
6	3	2	1	5	9	8	4	7
3	5	1	7	8	6	4	2	9
2	6	4	9	1	5	7	3	8
9	8	7	3	2	4	6	5	1

100

2	5	4	3	1	7	9	8	6
6	8	9	4	5	2	3	7	1
7	1	3	9	8	6	2	5	4
8	4	7	2	9	5	6	1	3
3	9	5	7	6	1	8	4	2
1	6	2	8	3	4	5	9	7
4	2	8	5	7	3	1	6	9
5	3	6	1	4	9	7	2	8
9	7	1	6	2	8	4	3	5

101

9	4	6	1	3	2	7	5	8
7	8	3	6	4	5	2	9	1
2	5	1	7	9	8	3	6	4
5	6	9	2	8	1	4	7	3
1	3	4	9	5	7	8	2	6
8	7	2	3	6	4	5	1	9
3	1	8	5	2	6	9	4	7
6	9	5	4	7	3	1	8	2
4	2	7	8	1	9	6	3	5

102

7	4	9	5	8	3	2	1	6
3	2	5	6	1	9	4	8	7
6	8	1	4	2	7	3	5	9
9	1	8	7	3	5	6	4	2
2	6	3	8	9	4	5	7	1
4	5	7	1	6	2	8	9	3
5	3	4	9	7	6	1	2	8
8	9	6	2	4	1	7	3	5
1	7	2	3	5	8	9	6	4

103

4	1	7	8	6	9	2	5	3
9	5	3	2	4	1	6	7	8
8	6	2	5	7	3	1	9	4
3	7	6	9	2	4	8	1	5
5	4	8	1	3	6	7	2	9
2	9	1	7	8	5	3	4	6
6	3	9	4	1	7	5	8	2
1	8	4	3	5	2	9	6	7
7	2	5	6	9	8	4	3	1

104

1	8	6	7	5	2	4	9	3
7	9	5	4	1	3	8	6	2
3	2	4	6	9	8	5	1	7
8	1	7	5	2	4	9	3	6
9	5	3	8	6	7	1	2	4
6	4	2	1	3	9	7	8	5
4	3	8	2	7	1	6	5	9
5	7	9	3	8	6	2	4	1
2	6	1	9	4	5	3	7	8

105

6	7	2	1	3	9	5	4	8
4	8	3	6	5	2	9	1	7
1	9	5	4	8	7	2	6	3
5	1	8	7	4	3	6	9	2
7	6	4	9	2	8	1	3	5
3	2	9	5	1	6	7	8	4
9	3	6	8	7	5	4	2	1
8	5	1	2	6	4	3	7	9
2	4	7	3	9	1	8	5	6

106

3	4	1	7	8	5	2	6	9
8	6	2	9	1	4	5	7	3
7	9	5	2	3	6	8	4	1
5	1	3	8	6	2	4	9	7
9	2	7	5	4	1	3	8	6
6	8	4	3	9	7	1	2	5
2	5	8	6	7	3	9	1	4
1	3	6	4	2	9	7	5	8
4	7	9	1	5	8	6	3	2

107

4	2	9	3	7	6	5	8	1
7	5	8	2	4	1	3	9	6
3	1	6	8	5	9	2	7	4
9	3	7	1	6	8	4	5	2
6	8	2	4	3	5	9	1	7
5	4	1	7	9	2	6	3	8
2	7	5	9	8	4	1	6	3
8	6	4	5	1	3	7	2	9
1	9	3	6	2	7	8	4	5

108

8	9	7	1	5	4	6	2	3
2	1	3	8	9	6	4	7	5
6	4	5	3	2	7	9	1	8
7	5	8	9	4	2	3	6	1
1	6	4	7	3	8	5	9	2
3	2	9	6	1	5	8	4	7
5	3	2	4	7	9	1	8	6
9	8	1	2	6	3	7	5	4
4	7	6	5	8	1	2	3	9

109

5	9	2	1	3	8	6	7	4
3	6	7	9	4	2	1	5	8
1	8	4	6	7	5	2	9	3
4	1	5	3	8	6	9	2	7
7	3	9	5	2	4	8	6	1
8	2	6	7	9	1	3	4	5
6	5	8	2	1	7	4	3	9
9	7	1	4	6	3	5	8	2
2	4	3	8	5	9	7	1	6

110

8	4	9	1	5	3	6	2	7
6	1	5	7	9	2	3	8	4
2	7	3	4	8	6	9	5	1
4	3	7	2	6	5	8	1	9
1	5	8	9	3	7	4	6	2
9	6	2	8	4	1	5	7	3
3	9	1	5	2	8	7	4	6
7	8	4	6	1	9	2	3	5
5	2	6	3	7	4	1	9	8

111

2	7	8	5	1	9	3	4	6
9	6	4	2	3	8	7	1	5
3	1	5	4	6	7	2	8	9
6	2	1	3	9	5	8	7	4
7	8	9	1	2	4	5	6	3
5	4	3	7	8	6	9	2	1
4	3	7	6	5	2	1	9	8
8	5	6	9	7	1	4	3	2
1	9	2	8	4	3	6	5	7

112

3	7	8	4	1	9	5	2	6
6	2	5	8	7	3	4	9	1
1	4	9	2	6	5	3	7	8
5	9	6	1	2	4	7	8	3
2	8	4	3	5	7	6	1	9
7	3	1	6	9	8	2	4	5
9	5	3	7	4	1	8	6	2
8	6	7	9	3	2	1	5	4
4	1	2	5	8	6	9	3	7

113

7	2	1	8	4	9	3	5	6
4	6	5	1	7	3	8	2	9
9	3	8	5	2	6	7	1	4
2	4	9	7	5	8	1	6	3
5	1	6	2	3	4	9	7	8
3	8	7	9	6	1	2	4	5
1	7	3	4	8	5	6	9	2
6	9	4	3	1	2	5	8	7
8	5	2	6	9	7	4	3	1

114

6	8	2	9	3	5	4	7	1
9	1	3	7	4	6	2	8	5
7	5	4	8	1	2	3	9	6
1	6	8	2	9	7	5	4	3
4	2	7	6	5	3	8	1	9
3	9	5	4	8	1	6	2	7
2	3	1	5	7	8	9	6	4
5	4	6	1	2	9	7	3	8
8	7	9	3	6	4	1	5	2

115

7	8	9	1	5	6	2	3	4
4	5	3	7	2	9	8	6	1
1	2	6	4	8	3	5	9	7
3	7	8	9	4	5	1	2	6
9	4	5	6	1	2	7	8	3
6	1	2	3	7	8	4	5	9
5	6	1	2	3	7	9	4	8
2	3	7	8	9	4	6	1	5
8	9	4	5	6	1	3	7	2

116

4	9	3	8	1	5	2	6	7
8	2	5	6	3	7	9	4	1
1	6	7	2	4	9	8	3	5
7	5	4	9	8	6	1	2	3
2	1	6	7	5	3	4	9	8
3	8	9	4	2	1	5	7	6
6	4	2	1	7	8	3	5	9
5	7	1	3	9	2	6	8	4
9	3	8	5	6	4	7	1	2

117

4	2	9	6	8	3	5	7	1
5	7	6	1	4	9	8	2	3
8	1	3	7	2	5	6	4	9
2	9	5	4	3	6	7	1	8
1	4	8	5	9	7	3	6	2
6	3	7	2	1	8	9	5	4
7	8	2	9	5	1	4	3	6
9	6	4	3	7	2	1	8	5
3	5	1	8	6	4	2	9	7

118

9	7	5	1	3	6	4	2	8
8	2	3	9	7	4	6	1	5
4	6	1	5	2	8	7	3	9
1	8	4	3	9	7	2	5	6
5	9	6	8	4	2	1	7	3
7	3	2	6	1	5	8	9	4
6	1	8	2	5	3	9	4	7
3	4	9	7	6	1	5	8	2
2	5	7	4	8	9	3	6	1

119

1	7	2	8	4	5	9	3	6
3	4	5	7	9	6	2	1	8
8	9	6	3	2	1	4	5	7
6	3	9	4	5	8	1	7	2
7	5	8	9	1	2	3	6	4
2	1	4	6	3	7	8	9	5
5	2	3	1	7	4	6	8	9
9	6	7	2	8	3	5	4	1
4	8	1	5	6	9	7	2	3

120

5	1	4	7	3	8	9	2	6
7	3	6	2	9	1	4	5	8
2	8	9	5	4	6	3	7	1
6	7	8	9	1	2	5	4	3
9	5	1	3	8	4	2	6	7
3	4	2	6	5	7	8	1	9
1	9	3	4	7	5	6	8	2
8	2	5	1	6	9	7	3	4
4	6	7	8	2	3	1	9	5

121

9	2	1	7	8	6	5	3	4
6	5	4	3	1	2	8	7	9
8	7	3	4	5	9	1	2	6
5	1	9	6	7	4	3	8	2
2	4	8	1	3	5	9	6	7
7	3	6	2	9	8	4	1	5
3	9	5	8	2	7	6	4	1
1	6	2	5	4	3	7	9	8
4	8	7	9	6	1	2	5	3

122

1	8	3	2	6	4	9	7	5
2	5	7	9	3	1	6	4	8
6	9	4	5	8	7	3	2	1
8	4	9	7	5	6	2	1	3
5	1	2	3	9	8	4	6	7
3	7	6	1	4	2	5	8	9
9	2	8	4	1	5	7	3	6
4	3	1	6	7	9	8	5	2
7	6	5	8	2	3	1	9	4

123

4	7	1	5	3	8	2	6	9
3	6	9	7	4	2	8	1	5
8	5	2	1	9	6	7	3	4
2	1	3	6	8	4	9	5	7
6	8	5	9	7	3	4	2	1
9	4	7	2	1	5	6	8	3
5	9	8	3	2	7	1	4	6
1	3	4	8	6	9	5	7	2
7	2	6	4	5	1	3	9	8

124

5	4	7	9	2	6	3	8	1
1	8	3	5	4	7	2	9	6
9	6	2	1	8	3	4	5	7
6	1	8	4	7	5	9	2	3
3	9	4	6	1	2	8	7	5
2	7	5	8	3	9	1	6	4
8	5	6	3	9	4	7	1	2
4	2	9	7	6	1	5	3	8
7	3	1	2	5	8	6	4	9

125

5	2	4	8	9	3	7	6	1
7	8	1	6	4	2	3	9	5
6	3	9	5	7	1	8	4	2
3	7	8	1	6	9	2	5	4
9	6	5	4	2	7	1	3	8
4	1	2	3	8	5	6	7	9
2	4	3	7	5	8	9	1	6
1	9	6	2	3	4	5	8	7
8	5	7	9	1	6	4	2	3

126

1	7	6	4	3	5	2	9	8
3	4	2	8	9	6	7	5	1
9	8	5	7	1	2	3	4	6
4	5	7	2	6	1	8	3	9
6	2	9	3	7	8	5	1	4
8	3	1	5	4	9	6	7	2
5	9	3	6	8	4	1	2	7
2	6	4	1	5	7	9	8	3
7	1	8	9	2	3	4	6	5

127

5	2	6	7	8	9	4	3	1
9	3	4	2	6	1	8	7	5
8	7	1	5	4	3	6	2	9
4	5	2	1	3	8	9	6	7
6	8	3	9	7	2	1	5	4
7	1	9	6	5	4	2	8	3
1	6	7	4	2	5	3	9	8
2	4	8	3	9	7	5	1	6
3	9	5	8	1	6	7	4	2

128

3	9	5	1	6	7	2	4	8
4	6	7	3	2	8	1	9	5
8	1	2	9	5	4	7	3	6
9	8	3	7	4	6	5	1	2
6	5	1	2	8	3	9	7	4
2	7	4	5	1	9	6	8	3
1	4	9	6	3	5	8	2	7
5	2	8	4	7	1	3	6	9
7	3	6	8	9	2	4	5	1

129

5	1	8	9	4	3	6	2	7
7	3	2	8	6	5	4	9	1
9	6	4	7	2	1	5	3	8
8	5	7	1	3	9	2	4	6
1	2	3	4	5	6	7	8	9
4	9	6	2	7	8	1	5	3
2	8	9	6	1	4	3	7	5
6	4	5	3	8	7	9	1	2
3	7	1	5	9	2	8	6	4

130

8	2	1	7	5	4	9	6	3
6	9	4	2	3	8	5	7	1
7	5	3	6	9	1	8	2	4
3	1	8	5	7	2	4	9	6
5	4	6	1	8	9	7	3	2
9	7	2	4	6	3	1	8	5
2	8	7	3	1	5	6	4	9
4	6	5	9	2	7	3	1	8
1	3	9	8	4	6	2	5	7

131

3	2	1	5	7	6	4	9	8
4	8	6	2	9	3	1	7	5
9	7	5	8	1	4	2	6	3
5	3	8	7	4	9	6	2	1
2	4	7	6	8	1	5	3	9
1	6	9	3	2	5	7	8	4
8	5	3	4	6	2	9	1	7
6	9	4	1	3	7	8	5	2
7	1	2	9	5	8	3	4	6

132

7	3	9	4	2	8	5	1	6
2	6	8	1	3	5	4	7	9
1	5	4	9	6	7	2	3	8
5	2	3	6	1	4	9	8	7
6	4	7	5	8	9	3	2	1
9	8	1	3	7	2	6	5	4
3	1	5	7	4	6	8	9	2
8	9	6	2	5	1	7	4	3
4	7	2	8	9	3	1	6	5

133

4	6	8	1	9	5	7	3	2
2	1	3	7	8	6	4	5	9
9	7	5	2	3	4	6	1	8
7	5	4	9	6	2	1	8	3
3	9	2	8	7	1	5	4	6
6	8	1	5	4	3	2	9	7
5	2	7	3	1	9	8	6	4
8	3	6	4	5	7	9	2	1
1	4	9	6	2	8	3	7	5

134

6	7	1	2	9	4	3	8	5
8	4	5	6	3	1	2	7	9
9	3	2	5	7	8	1	6	4
2	9	8	7	5	3	6	4	1
7	5	3	4	1	6	9	2	8
4	1	6	8	2	9	7	5	3
1	2	7	9	8	5	4	3	6
3	8	4	1	6	2	5	9	7
5	6	9	3	4	7	8	1	2

135

2	3	9	7	5	8	4	1	6
5	1	7	4	6	2	3	9	8
4	6	8	3	9	1	5	2	7
6	8	2	9	1	4	7	3	5
3	5	4	6	2	7	1	8	9
9	7	1	8	3	5	6	4	2
1	2	6	5	4	9	8	7	3
8	4	3	2	7	6	9	5	1
7	9	5	1	8	3	2	6	4

136

7	6	1	5	8	9	3	2	4
8	5	4	3	2	7	1	6	9
3	2	9	6	4	1	5	7	8
1	9	7	4	6	8	2	5	3
4	3	5	7	9	2	6	8	1
6	8	2	1	3	5	9	4	7
9	7	3	2	5	4	8	1	6
2	1	6	8	7	3	4	9	5
5	4	8	9	1	6	7	3	2

137

7	6	1	5	3	9	2	4	8
8	5	4	7	2	6	3	9	1
3	9	2	1	8	4	5	7	6
1	4	3	9	6	8	7	2	5
9	2	6	4	5	7	8	1	3
5	8	7	3	1	2	4	6	9
4	1	8	2	9	3	6	5	7
2	3	9	6	7	5	1	8	4
6	7	5	8	4	1	9	3	2

138

8	5	2	1	9	3	6	4	7
4	7	1	6	8	2	3	9	5
6	3	9	7	4	5	2	1	8
9	8	6	4	1	7	5	2	3
3	4	7	2	5	9	8	6	1
1	2	5	8	3	6	4	7	9
5	9	4	3	6	1	7	8	2
7	1	8	5	2	4	9	3	6
2	6	3	9	7	8	1	5	4

139

2	1	6	4	9	5	3	7	8
3	7	5	6	1	8	2	4	9
8	9	4	2	7	3	1	5	6
7	5	1	9	3	6	4	8	2
4	2	8	7	5	1	6	9	3
6	3	9	8	2	4	7	1	5
1	6	3	5	8	7	9	2	4
5	4	2	1	6	9	8	3	7
9	8	7	3	4	2	5	6	1

140

1	8	3	7	9	5	6	2	4
7	4	5	1	6	2	8	3	9
2	9	6	3	8	4	5	7	1
6	5	7	2	3	1	4	9	8
8	3	1	9	4	7	2	6	5
9	2	4	8	5	6	3	1	7
3	6	8	5	7	9	1	4	2
4	7	2	6	1	8	9	5	3
5	1	9	4	2	3	7	8	6

141

6	9	2	7	3	1	8	4	5
8	7	5	4	6	2	1	9	3
1	4	3	8	5	9	2	6	7
2	6	1	3	4	7	5	8	9
7	3	4	5	9	8	6	2	1
9	5	8	1	2	6	3	7	4
3	2	6	9	7	5	4	1	8
4	8	9	6	1	3	7	5	2
5	1	7	2	8	4	9	3	6

142

3	4	5	9	1	7	6	2	8
6	7	1	2	8	5	4	3	9
2	8	9	3	6	4	7	5	1
1	9	7	4	3	6	5	8	2
4	2	8	7	5	1	3	9	6
5	6	3	8	2	9	1	4	7
9	5	2	1	7	3	8	6	4
8	1	6	5	4	2	9	7	3
7	3	4	6	9	8	2	1	5

143

8	3	6	4	9	2	5	1	7
9	4	7	5	3	1	2	6	8
1	2	5	6	8	7	4	3	9
2	6	3	7	1	4	8	9	5
5	9	8	3	2	6	1	7	4
7	1	4	8	5	9	6	2	3
4	5	2	9	6	3	7	8	1
3	8	1	2	7	5	9	4	6
6	7	9	1	4	8	3	5	2

144

5	4	9	1	3	6	8	7	2
3	7	1	8	9	2	4	5	6
2	8	6	4	7	5	9	3	1
9	6	7	5	8	3	2	1	4
8	3	4	6	2	1	5	9	7
1	2	5	7	4	9	6	8	3
4	5	2	9	1	7	3	6	8
7	9	3	2	6	8	1	4	5
6	1	8	3	5	4	7	2	9

145

6	7	9	8	3	5	4	2	1
2	3	5	7	1	4	6	8	9
8	4	1	2	9	6	5	7	3
5	6	8	9	2	7	3	1	4
9	1	7	4	6	3	2	5	8
4	2	3	5	8	1	9	6	7
1	8	2	6	4	9	7	3	5
3	5	4	1	7	2	8	9	6
7	9	6	3	5	8	1	4	2

146

2	8	6	5	1	9	7	4	3
3	5	9	7	2	4	6	8	1
4	7	1	6	3	8	5	2	9
9	3	5	4	8	1	2	6	7
6	1	7	3	5	2	8	9	4
8	4	2	9	7	6	1	3	5
1	9	8	2	4	5	3	7	6
7	2	4	1	6	3	9	5	8
5	6	3	8	9	7	4	1	2

147

6	5	8	2	3	4	7	1	9
3	9	1	6	7	8	2	5	4
7	2	4	1	5	9	6	8	3
4	7	5	3	1	6	9	2	8
8	6	3	4	9	2	1	7	5
9	1	2	5	8	7	3	4	6
2	3	9	8	4	1	5	6	7
5	4	6	7	2	3	8	9	1
1	8	7	9	6	5	4	3	2

148

5	2	3	8	7	6	9	4	1
7	9	6	4	2	1	5	3	8
1	4	8	9	3	5	2	7	6
3	5	2	6	1	8	7	9	4
6	8	4	7	5	9	3	1	2
9	7	1	3	4	2	6	8	5
8	6	5	1	9	7	4	2	3
4	1	7	2	6	3	8	5	9
2	3	9	5	8	4	1	6	7

149

8	4	6	2	7	9	1	3	5
2	3	7	5	1	4	9	8	6
5	9	1	3	6	8	7	2	4
1	5	9	7	2	6	8	4	3
4	8	3	9	5	1	6	7	2
7	6	2	4	8	3	5	9	1
3	2	5	1	9	7	4	6	8
6	7	4	8	3	5	2	1	9
9	1	8	6	4	2	3	5	7

150

6	8	4	9	2	1	5	3	7
9	3	2	4	5	7	8	6	1
5	7	1	3	6	8	9	2	4
4	5	8	2	3	6	1	7	9
2	9	7	8	1	4	6	5	3
1	6	3	5	7	9	2	4	8
3	1	6	7	8	2	4	9	5
7	2	9	1	4	5	3	8	6
8	4	5	6	9	3	7	1	2

151

1	2	9	5	8	6	4	3	7
4	7	5	3	2	9	1	8	6
6	3	8	7	4	1	5	2	9
9	4	3	1	7	2	8	6	5
7	6	1	4	5	8	3	9	2
8	5	2	6	9	3	7	1	4
2	9	7	8	3	5	6	4	1
5	8	6	9	1	4	2	7	3
3	1	4	2	6	7	9	5	8

152

1	6	2	8	5	4	7	9	3
5	8	3	7	9	6	4	1	2
7	9	4	1	3	2	6	5	8
6	4	5	3	8	9	1	2	7
2	3	8	4	7	1	5	6	9
9	7	1	2	6	5	8	3	4
4	1	9	6	2	7	3	8	5
8	2	6	5	4	3	9	7	1
3	5	7	9	1	8	2	4	6

153

3	4	2	1	9	8	6	7	5
7	9	5	6	2	3	1	4	8
6	8	1	4	7	5	3	9	2
5	2	8	9	3	7	4	1	6
9	6	4	8	1	2	7	5	3
1	3	7	5	4	6	8	2	9
8	7	6	2	5	1	9	3	4
4	5	3	7	6	9	2	8	1
2	1	9	3	8	4	5	6	7

154

5	8	6	9	3	7	1	2	4
3	4	7	8	2	1	9	6	5
9	2	1	5	6	4	8	3	7
4	6	9	3	8	5	7	1	2
7	3	5	1	4	2	6	8	9
8	1	2	7	9	6	5	4	3
1	9	3	4	7	8	2	5	6
2	7	8	6	5	3	4	9	1
6	5	4	2	1	9	3	7	8

155

2	7	5	9	3	4	8	1	6
4	3	6	8	1	7	5	9	2
1	9	8	6	5	2	4	7	3
6	4	3	5	7	9	1	2	8
8	5	1	3	2	6	7	4	9
9	2	7	4	8	1	3	6	5
3	6	4	1	9	5	2	8	7
7	8	9	2	4	3	6	5	1
5	1	2	7	6	8	9	3	4

156

8	5	2	3	1	6	4	9	7
6	9	4	2	8	7	1	5	3
3	1	7	5	4	9	2	8	6
2	7	9	1	5	8	3	6	4
1	3	8	7	6	4	5	2	9
4	6	5	9	3	2	8	7	1
9	8	1	4	7	5	6	3	2
7	4	6	8	2	3	9	1	5
5	2	3	6	9	1	7	4	8

157

2	1	5	4	7	6	8	9	3
9	7	8	1	3	5	6	2	4
6	4	3	8	9	2	5	7	1
8	2	1	9	6	3	4	5	7
5	6	9	7	1	4	2	3	8
7	3	4	2	5	8	9	1	6
1	9	6	5	4	7	3	8	2
3	5	2	6	8	1	7	4	9
4	8	7	3	2	9	1	6	5

158

4	2	6	3	5	7	1	9	8
1	9	3	4	8	6	5	2	7
7	5	8	2	9	1	6	3	4
3	1	9	7	6	5	8	4	2
6	7	2	1	4	8	9	5	3
5	8	4	9	2	3	7	1	6
9	3	7	6	1	2	4	8	5
2	4	5	8	7	9	3	6	1
8	6	1	5	3	4	2	7	9

159

2	3	4	1	8	7	9	5	6
7	5	9	6	4	2	3	8	1
1	8	6	5	3	9	4	2	7
4	7	3	9	5	1	8	6	2
9	6	1	7	2	8	5	4	3
5	2	8	3	6	4	7	1	9
3	1	5	8	9	6	2	7	4
8	4	7	2	1	3	6	9	5
6	9	2	4	7	5	1	3	8

160

7	1	4	5	6	8	3	2	9
5	8	2	9	4	3	7	1	6
3	6	9	1	2	7	8	5	4
6	9	3	8	7	2	1	4	5
8	7	5	6	1	4	9	3	2
4	2	1	3	9	5	6	7	8
2	4	8	7	3	6	5	9	1
9	3	6	4	5	1	2	8	7
1	5	7	2	8	9	4	6	3

161

2	9	1	7	5	8	4	6	3
8	3	6	2	4	9	5	1	7
7	5	4	3	1	6	9	2	8
6	2	5	9	3	1	8	7	4
4	1	3	8	2	7	6	9	5
9	8	7	4	6	5	1	3	2
1	7	2	5	9	4	3	8	6
3	4	9	6	8	2	7	5	1
5	6	8	1	7	3	2	4	9

162

1	6	5	2	4	9	7	3	8
9	7	2	6	3	8	1	5	4
8	3	4	5	7	1	9	6	2
2	8	6	4	1	3	5	7	9
4	9	3	7	5	2	8	1	6
5	1	7	8	9	6	4	2	3
3	4	1	9	2	5	6	8	7
6	2	9	1	8	7	3	4	5
7	5	8	3	6	4	2	9	1

163

9	8	1	2	7	3	6	5	4
3	2	5	6	9	4	1	8	7
6	7	4	5	8	1	3	9	2
5	3	8	7	2	9	4	1	6
2	9	6	4	1	5	7	3	8
4	1	7	3	6	8	9	2	5
7	6	9	1	5	2	8	4	3
1	4	2	8	3	6	5	7	9
8	5	3	9	4	7	2	6	1

164

1	2	6	4	8	5	3	9	7
7	8	9	2	3	6	5	1	4
4	5	3	9	7	1	2	8	6
8	9	7	6	4	2	1	3	5
3	6	1	8	5	7	4	2	9
2	4	5	3	1	9	6	7	8
9	7	4	1	6	3	8	5	2
5	3	8	7	2	4	9	6	1
6	1	2	5	9	8	7	4	3

165

5	8	2	6	9	3	1	4	7
7	4	1	5	8	2	9	3	6
9	3	6	7	1	4	2	5	8
6	9	3	1	4	7	5	8	2
8	2	5	9	3	6	4	7	1
1	7	4	8	2	5	3	6	9
3	6	9	4	7	1	8	2	5
2	5	8	3	6	9	7	1	4
4	1	7	2	5	8	6	9	3

166

8	7	2	5	6	3	9	4	1
1	6	4	9	7	2	3	8	5
5	3	9	4	8	1	2	6	7
2	4	8	6	9	7	5	1	3
6	1	3	2	5	8	4	7	9
7	9	5	3	1	4	6	2	8
3	8	6	1	2	9	7	5	4
4	2	7	8	3	5	1	9	6
9	5	1	7	4	6	8	3	2

167

4	8	5	7	1	9	2	3	6
6	2	9	5	4	3	7	8	1
7	1	3	6	2	8	9	5	4
9	3	4	2	5	6	8	1	7
2	6	8	3	7	1	4	9	5
5	7	1	8	9	4	6	2	3
8	5	6	4	3	2	1	7	9
3	9	2	1	6	7	5	4	8
1	4	7	9	8	5	3	6	2

168

9	4	6	8	3	2	1	5	7
1	3	2	7	9	5	4	8	6
7	5	8	6	1	4	3	2	9
5	7	3	4	8	1	6	9	2
2	9	1	3	6	7	8	4	5
8	6	4	5	2	9	7	3	1
6	8	7	9	5	3	2	1	4
4	2	9	1	7	8	5	6	3
3	1	5	2	4	6	9	7	8

169

6	2	7	8	1	3	9	5	4
5	3	1	7	4	9	2	6	8
9	8	4	5	6	2	1	3	7
1	9	8	4	7	6	5	2	3
2	7	6	1	3	5	4	8	9
3	4	5	9	2	8	7	1	6
8	1	3	2	9	4	6	7	5
7	6	9	3	5	1	8	4	2
4	5	2	6	8	7	3	9	1

170

1	6	7	8	2	5	3	9	4
9	5	2	3	4	6	7	1	8
3	8	4	7	9	1	5	6	2
5	2	9	4	1	7	8	3	6
6	7	1	5	8	3	2	4	9
4	3	8	9	6	2	1	7	5
2	9	5	1	7	4	6	8	3
8	1	3	6	5	9	4	2	7
7	4	6	2	3	8	9	5	1

171

3	8	5	6	7	1	2	9	4
2	9	1	3	4	8	5	7	6
4	7	6	5	9	2	1	8	3
6	1	9	2	3	4	7	5	8
5	3	8	7	1	9	4	6	2
7	2	4	8	5	6	3	1	9
8	4	7	9	2	5	6	3	1
9	5	2	1	6	3	8	4	7
1	6	3	4	8	7	9	2	5

172

1	4	7	5	6	2	3	8	9
2	6	9	8	4	3	7	5	1
3	8	5	7	9	1	6	2	4
5	7	2	3	1	9	8	4	6
8	1	4	6	7	5	2	9	3
9	3	6	2	8	4	1	7	5
4	2	3	1	5	8	9	6	7
7	5	8	9	3	6	4	1	2
6	9	1	4	2	7	5	3	8

173

9	8	2	4	6	7	1	5	3
1	3	4	8	2	5	7	9	6
6	5	7	1	3	9	8	2	4
3	9	5	2	7	4	6	8	1
7	6	1	3	9	8	5	4	2
4	2	8	5	1	6	3	7	9
8	1	6	7	4	2	9	3	5
5	4	9	6	8	3	2	1	7
2	7	3	9	5	1	4	6	8

174

6	2	1	3	8	7	4	5	9
5	7	8	4	9	2	6	1	3
9	4	3	6	5	1	7	8	2
3	5	7	8	4	6	2	9	1
8	6	2	1	3	9	5	4	7
1	9	4	7	2	5	8	3	6
7	3	5	2	1	4	9	6	8
4	8	6	9	7	3	1	2	5
2	1	9	5	6	8	3	7	4

175

8	1	9	4	3	2	6	5	7
6	7	4	9	1	5	2	8	3
2	5	3	7	8	6	1	9	4
5	4	8	1	6	3	7	2	9
9	6	7	8	2	4	3	1	5
3	2	1	5	9	7	4	6	8
4	9	5	6	7	1	8	3	2
1	8	2	3	4	9	5	7	6
7	3	6	2	5	8	9	4	1

176

1	9	2	4	5	8	6	7	3
6	5	7	9	3	1	4	8	2
4	3	8	2	6	7	5	1	9
9	8	6	5	1	2	7	3	4
3	7	1	6	9	4	2	5	8
2	4	5	7	8	3	1	9	6
7	1	3	8	4	6	9	2	5
8	6	9	1	2	5	3	4	7
5	2	4	3	7	9	8	6	1

177

4	8	6	2	3	7	9	5	1
2	9	1	8	5	4	6	3	7
7	5	3	1	6	9	2	4	8
5	2	9	4	7	3	8	1	6
6	4	8	5	9	1	3	7	2
1	3	7	6	2	8	4	9	5
8	7	5	9	4	6	1	2	3
9	1	2	3	8	5	7	6	4
3	6	4	7	1	2	5	8	9

178

9	3	2	4	7	5	6	1	8
1	7	6	8	9	3	5	4	2
4	5	8	1	6	2	3	7	9
7	1	3	5	2	9	8	6	4
5	2	4	3	8	6	7	9	1
6	8	9	7	1	4	2	3	5
8	6	1	2	4	7	9	5	3
3	4	7	9	5	8	1	2	6
2	9	5	6	3	1	4	8	7

179

5	6	4	3	9	2	8	7	1
1	7	2	5	8	6	4	3	9
8	3	9	1	7	4	6	2	5
9	8	7	2	6	3	5	1	4
2	4	6	9	5	1	7	8	3
3	5	1	8	4	7	2	9	6
7	9	5	6	3	8	1	4	2
4	1	3	7	2	5	9	6	8
6	2	8	4	1	9	3	5	7

180

8	5	7	3	9	6	2	1	4
2	9	4	8	1	7	5	3	6
6	3	1	5	2	4	9	8	7
4	2	9	6	3	5	8	7	1
7	1	5	4	8	9	6	2	3
3	8	6	1	7	2	4	9	5
9	4	8	7	5	1	3	6	2
5	7	2	9	6	3	1	4	8
1	6	3	2	4	8	7	5	9

181

2	3	6	9	5	4	1	8	7
4	9	7	8	1	2	6	5	3
1	5	8	6	7	3	4	2	9
8	2	5	1	4	9	7	3	6
3	7	9	2	8	6	5	1	4
6	1	4	5	3	7	8	9	2
7	6	1	3	2	5	9	4	8
9	8	2	4	6	1	3	7	5
5	4	3	7	9	8	2	6	1

182

2	6	5	4	1	7	3	9	8
1	9	3	5	2	8	4	6	7
8	7	4	6	3	9	5	1	2
7	3	6	1	5	4	8	2	9
4	1	2	9	8	3	7	5	6
9	5	8	2	7	6	1	3	4
3	2	9	7	4	5	6	8	1
5	4	1	8	6	2	9	7	3
6	8	7	3	9	1	2	4	5

183

4	6	9	2	5	3	1	7	8
3	5	1	7	6	8	9	2	4
8	7	2	9	4	1	5	3	6
2	9	3	5	8	7	4	6	1
1	8	7	6	9	4	2	5	3
6	4	5	1	3	2	8	9	7
7	2	6	4	1	9	3	8	5
9	3	4	8	7	5	6	1	2
5	1	8	3	2	6	7	4	9

184

3	2	1	9	7	4	8	5	6
4	9	8	5	2	6	3	7	1
6	7	5	1	8	3	2	9	4
5	4	2	8	6	9	1	3	7
9	1	7	2	3	5	6	4	8
8	3	6	7	4	1	9	2	5
7	8	4	6	9	2	5	1	3
1	6	9	3	5	7	4	8	2
2	5	3	4	1	8	7	6	9

185

5	1	6	4	3	9	2	7	8
2	7	3	6	8	1	4	5	9
9	8	4	2	7	5	6	3	1
1	6	9	8	4	7	3	2	5
7	4	5	1	2	3	8	9	6
3	2	8	5	9	6	1	4	7
6	5	2	7	1	4	9	8	3
4	3	1	9	5	8	7	6	2
8	9	7	3	6	2	5	1	4

186

5	3	1	7	4	2	9	6	8
9	4	2	6	8	5	1	7	3
8	7	6	9	3	1	2	5	4
4	1	5	3	9	6	7	8	2
6	2	8	1	7	4	3	9	5
3	9	7	5	2	8	4	1	6
1	8	9	4	6	3	5	2	7
2	5	4	8	1	7	6	3	9
7	6	3	2	5	9	8	4	1

187

5	1	2	6	8	9	7	3	4
9	7	6	4	3	2	1	8	5
4	3	8	7	1	5	2	6	9
3	9	5	1	6	7	8	4	2
8	2	1	3	5	4	6	9	7
6	4	7	2	9	8	3	5	1
1	8	9	5	7	3	4	2	6
7	5	4	8	2	6	9	1	3
2	6	3	9	4	1	5	7	8

188

2	1	4	6	8	5	3	7	9
3	7	6	9	4	2	5	1	8
8	5	9	7	3	1	6	4	2
9	4	3	8	2	6	7	5	1
6	8	7	1	5	3	9	2	4
5	2	1	4	7	9	8	6	3
4	6	8	3	1	7	2	9	5
1	9	5	2	6	8	4	3	7
7	3	2	5	9	4	1	8	6

189

3	2	1	9	4	6	5	8	7
5	6	9	3	7	8	4	1	2
4	7	8	5	1	2	3	9	6
2	4	6	8	9	7	1	3	5
9	3	7	2	5	1	6	4	8
1	8	5	6	3	4	2	7	9
8	1	2	4	6	9	7	5	3
7	9	3	1	2	5	8	6	4
6	5	4	7	8	3	9	2	1

190

5	8	4	1	2	6	9	7	3
9	1	2	3	4	7	8	5	6
3	7	6	9	5	8	4	1	2
1	3	9	8	7	2	6	4	5
8	4	7	5	6	1	2	3	9
6	2	5	4	9	3	1	8	7
2	9	3	7	8	4	5	6	1
7	6	8	2	1	5	3	9	4
4	5	1	6	3	9	7	2	8

191

2	3	8	1	4	5	7	9	6
4	7	6	9	2	8	1	5	3
9	1	5	6	3	7	4	2	8
8	6	9	3	5	1	2	4	7
5	4	1	2	7	6	8	3	9
7	2	3	4	8	9	6	1	5
3	8	4	7	9	2	5	6	1
6	9	7	5	1	4	3	8	2
1	5	2	8	6	3	9	7	4

192

9	6	4	3	1	5	2	7	8
5	1	2	6	7	8	3	9	4
3	7	8	9	4	2	5	1	6
1	2	7	8	9	6	4	5	3
4	8	3	2	5	1	7	6	9
6	5	9	7	3	4	8	2	1
2	4	1	5	6	3	9	8	7
8	9	6	4	2	7	1	3	5
7	3	5	1	8	9	6	4	2

193

6	2	5	4	3	8	1	7	9
1	4	3	2	9	7	5	6	8
7	8	9	1	6	5	2	4	3
4	5	6	8	1	9	3	2	7
8	1	7	5	2	3	6	9	4
9	3	2	7	4	6	8	5	1
3	7	8	9	5	2	4	1	6
2	6	1	3	7	4	9	8	5
5	9	4	6	8	1	7	3	2

194

7	6	8	4	5	2	9	3	1
1	5	9	8	7	3	2	6	4
3	4	2	1	9	6	7	5	8
6	8	3	9	4	5	1	2	7
9	7	1	6	2	8	5	4	3
5	2	4	7	3	1	6	8	9
2	1	5	3	8	7	4	9	6
8	9	6	2	1	4	3	7	5
4	3	7	5	6	9	8	1	2

195

5	4	6	7	2	1	3	8	9
9	8	2	4	5	3	6	7	1
1	7	3	9	8	6	2	4	5
2	9	8	5	6	7	1	3	4
7	3	1	8	4	2	5	9	6
4	6	5	3	1	9	8	2	7
8	2	4	6	7	5	9	1	3
6	1	9	2	3	4	7	5	8
3	5	7	1	9	8	4	6	2

196

5	4	9	3	8	2	6	7	1
2	8	6	1	7	4	3	5	9
7	3	1	5	6	9	2	8	4
4	9	5	7	1	6	8	3	2
1	2	3	9	5	8	7	4	6
8	6	7	4	2	3	9	1	5
6	1	2	8	4	7	5	9	3
9	5	8	6	3	1	4	2	7
3	7	4	2	9	5	1	6	8

197

4	2	9	1	3	7	6	8	5
8	5	3	6	9	2	1	7	4
1	6	7	4	5	8	2	3	9
3	4	2	5	6	1	7	9	8
5	9	1	8	7	3	4	2	6
7	8	6	9	2	4	5	1	3
9	1	4	7	8	6	3	5	2
2	7	5	3	4	9	8	6	1
6	3	8	2	1	5	9	4	7

198

2	5	7	4	1	9	3	8	6
9	1	6	8	3	7	4	5	2
4	8	3	5	2	6	9	7	1
7	6	8	1	9	4	5	2	3
1	2	9	6	5	3	8	4	7
5	3	4	2	7	8	6	1	9
3	9	5	7	4	1	2	6	8
6	7	2	9	8	5	1	3	4
8	4	1	3	6	2	7	9	5

199

9	7	3	5	4	8	1	2	6
2	8	1	7	9	6	5	3	4
6	4	5	3	2	1	9	7	8
1	5	2	6	7	9	4	8	3
4	3	9	8	5	2	6	1	7
8	6	7	1	3	4	2	5	9
5	2	8	9	6	3	7	4	1
7	1	6	4	8	5	3	9	2
3	9	4	2	1	7	8	6	5

200

7	8	5	2	4	3	9	1	6
2	4	1	6	5	9	3	8	7
6	3	9	8	1	7	2	4	5
1	6	7	5	8	2	4	3	9
4	5	2	9	3	1	7	6	8
8	9	3	7	6	4	1	5	2
5	7	4	3	2	6	8	9	1
9	1	8	4	7	5	6	2	3
3	2	6	1	9	8	5	7	4

TOO EASY FOR YOU?

Look out for the following titles by Peter Greene

200 Gruesome Sudoku Puzzles (November 2005)

You asked for it – here it is! This book contains 200 seriously difficult Sudoku puzzles, with given numbers as few as 18. They don't come more difficult than this.

100 Crossword Sudoku Puzzles (November 2005)

Had enough of ordinary Sudoku puzzles and want some variation? These are Sudoku puzzles with a twist. They are made with letters instead of numbers and to solve them you first have to figure out the nine-letter word hidden in the Sudoku.